21世纪经管核心课程规划教材

企业会计与税收综合实训

陈云娟　主编

上海财经大学出版社

图书在版编目(CIP)数据

企业会计与税收综合实训/陈云娟主编．—上海：上海财经大学出版社，2015.7

(21世纪经管核心课程规划教材)

ISBN 978-7-5642-2196-6/F·2196

Ⅰ.①企…　Ⅱ.①陈…　Ⅲ.①企业管理-会计-高等学校-教材②企业-税收管理-高等学校-教材　Ⅳ.①F275.2②F810.423

中国版本图书馆CIP数据核字(2015)第156676号

□ 责任编辑　石兴凤
□ 书籍设计　钱宇辰
□ 责任校对　王从远

QIYE KUAIJI YU SHUISHOU ZONGHE SHIXUN

企业会计与税收综合实训

陈云娟　主编

上海财经大学出版社出版发行
(上海市武东路321号乙　邮编200434)
网　址：http://www.sufep.com
电子邮箱：webmaster @ sufep.com
全国新华书店经销
启东市人民印刷有限公司印刷装订
2015年7月第1版　2015年7月第1次印刷

787mm×1092mm　1/16　17.75印张　454千字
印数：0 001—4 000　定价：38.00元

前 言

会计是一门实践性很强的学科，只通过对理论的学习是难以达到会计教学目的的。会计模拟实习是培养学生实践能力的重要方法之一，通过模拟实习不仅能使学生把理论知识融会贯通，还能提高综合运用能力，缩短理论与实践的差距。

本教材是根据财政部最新颁布的《企业会计准则》和《税法》编写的，选择了一家制造业企业为模拟企业，以这家企业一个会计期间发生的典型业务为主线，教学内容的设计上涵盖了基础会计、中级财务会计、成本会计、税务会计等专业课的重要内容，在实践教学中高度模拟企业的实际财务工作，即原始凭证的审核、账簿的开设与登记、成本核算、结账与对账和主要会计报表编制，还包含了税务会计及纳税申报和缴纳等环节的模拟操作与训练。通过这些模拟操作与训练，锻炼和提高学生的综合运用能力。为了方便教学，本教材还附有参考答案，参考答案中对经济业务做了账务处理，对涉及的成本计算和纳税计算，也按现行会计准则和税法作了详细解释。

本教材由浙江师范大学的陈云娟、虞拱辰、王家华、陈赛珍和杭州财税会计学校的叶小丹负责具体的编写工作，可供财经类全日制院校、职业学校的学生使用，也可供在职会计人员培训使用。本教材受到浙江师范大学行知学院院级重点教材项目资助，在此深表感谢！

由于作者水平所限，加之编写仓促，书中难免存在一些错误及不足之处，恳请读者批评指正。

编　者

2015 年 7 月

目　录

第一章　操作程序和规范要求

一、操作程序

科目汇总表会计核算程序是企业常用的会计核算程序之一。为了使同学们能够比较系统地掌握会计核算技能，该套模拟实训资料采用科目汇总表会计核算程序，其操作如下：

（一）根据有关账户的月初余额，开设有关总账和明细账

1. 开设库存现金、银行存款日记账。

2. 原材料、周转材料、库存商品等开设数量金额式明细账。

3. 销售费用、财务费用等开设多栏式明细账。

4. 生产成本、制造费用、管理费用、应交增值税等开设专用明细账。

5. 除上述账簿以外，其余账簿设置三栏式明细账。

6. 所有科目均设总账。

（二）填制或审核原始凭证

根据经济业务资料，审核原始凭证和原始凭证汇总表。处理经济业务时，必须将教材中的原始凭证剪下，附在记账凭证之后。在审核原始凭证时，对不符合要求的外来原始凭证，不予报账；属于自制原始凭证，手续不齐全的，应予补办，然后报账。

（三）编制和审核记账凭证并登记日记账、明细账

根据审核无误的原始凭证或原始凭证汇总表编制记账凭证，记账凭证可用通用记账凭证或专用凭证。经对记账凭证进行认真审核无误后，根据记账凭证逐笔登记日记账、明细账。

（四）根据审核无误的记账凭证按每10天汇总一次，编制科目汇总表，然后根据科目汇总表登记总账

（五）月终，根据会计制度的规定，调整应计收入、应计费用、收入分摊、成本分摊等账项，并据以编制记账凭证入账

（六）结计所有账簿的本期发生额和期末余额，并进行试算平衡，在账证、账账、账实相符的基础上编制会计报表，审查各报表之间有对应关系的数字是否相互一致

（七）根据有关账簿记录，按税法规定填制企业所得税年度纳税申报表及其附表

（八）将会计凭证、账簿和会计报表整理好，加具封面，装订成册，归档保管

（九）根据会计核算资料，编制纳税申报表等

二、操作规范要求

（一）操作前准备

1. 配备好实训教师，组织和指导实验操作全过程。

2. 实验用品和有关资料。

实验用品和有关资料包括通用记账凭证200张、银行存款日记账3张、库存现金日记账3

张、三栏式明细账 50 张、数量金额式明细账 15 张、九栏式明细账 15 张、生产成本明细账 4 张、应交增值税明细账 2 张、管理费用明细账 5 张、制造费用明细账 2 张、总分类账 50 张、科目汇总表 4 张、凭证封面封底 3 套、包角 4 个、装订针和装订线若干。

3. 全套实验最好由一人独立完成，有利于全面掌握整个会计核算过程。

（二）书写规范化

1. 必须使用蓝黑墨水，不能使用圆珠笔，红色墨水只能在划线结账、改错、冲销时使用。

2. 文字大小均匀，排列整齐，字迹工整、清晰。

数字不能写满格，贴着格子的底线书写，每个数字一般约占格子高度的 1/2，要留出空隙，以备更正改错之用，也清晰美观，只有"7"、"9"两个数字可以超出底线一点，所占位置不能超过底线下格的 1/4。字体要自右上方斜向左下方书写，斜度一致，约为 60 度，并且同一相邻数字之间要空出半个小写数字的位置。

大写金额的前面，必须加填"人民币"三个字，后面紧接着写金额，不能有空隙。中文大写金额数字应用正楷或行书填写，如壹、贰、叁、肆、伍、陆、柒、捌、玖、拾、佰、仟、万、元、角、分等字样。

（三）原始凭证的填制与审核

原始凭证是记账的依据，是会计核算最基础的原始资料，同时也是具有法律效力的书面证明文件。取得或填制原始凭证是会计核算工作的起点，如果原始凭证出现差错，必然会导致会计信息失真。自制原始凭证有些需要根据业务说明进行填写，有些已经填制完毕，对已经填制完毕的，必须对原始凭证的真实性、合法性、合理性、完整性、正确性和及时性进行审核，只有经过审核无误的原始凭证，才能作为编制记账凭证和登记账簿的依据。原始凭证的填制规范简单介绍如下：

1. 内容要真实、完整。原始凭证必须如实反映各项经济业务的发生或完成情况，所有项目都必须填写齐全，以确保原始凭证所反映的经济业务真实、可靠，符合实际。

2. 填制手续要完备。原始凭证必须有经办业务的部门和人员签名盖章，以明确经济责任。

3. 原始凭证不得随意涂改、刮擦、挖补。填写发生错误时应按规定的方法进行更正，如果金额填写有误，则应由出具单位重开，不得在原始凭证上更正。

（四）记账凭证的填制与审核

记账凭证是会计人员根据审核无误的原始凭证或原始凭证汇总表，按照经济业务的内容加以归类，并据以确定会计分录而填制的，作为登记账簿依据的凭证。在记账前，应先根据原始凭证编制记账凭证，以确定会计分录，并将原始凭证附在相关的记账凭证后。记账凭证的填制，除了必须遵守上述原始凭证的填制要求外，还应做到以下几点：

1. 记账凭证必须根据审核无误的原始凭证或汇总原始凭证填制。记账凭证可以根据每一张原始凭证填制，也可以根据若干张同类原始凭证汇总填制，但不能把不同内容和类别的原始凭证汇总填制在同一张记账凭证上，以防止科目对应关系混淆不清。

2. 确定会计分录正确。必须按照会计准则的规定，结合经济业务的性质，正确地编制会计分录，不得任意改变会计科目的名称和核算内容，以保证核算资料的一致性和可比性。

3. 除结账和更正错误之外，记账凭证还必须附有原始凭证并注明所附原始凭证的张数。如果根据同一张原始凭证填制两张记账凭证，则应在未附原始凭证的记账凭证上注明。

4. 各种记账凭证必须连续编号，以便查考。如果一项经济业务需要填制多张记账凭证，可采用分数编号法。

5. 记账凭证的日期应是会计人员受理事项的日期，年、月、日都应写全。记账凭证在填写后应当及时复核与检查，填制、审核、记账、会计主管等都必须在记账凭证上签字盖章，以明确经济责任。

6. 在记账凭证上填制完经济业务事项后，如有空行，应当在“金额”栏自最后一笔金额数字下的空行处至合计数上的空行处划线注销。

7. 填制记账凭证时如果发生错误，应当重新填制。已经登记入账的记账凭证在当年内发现错误的，可以用规定的方法进行更正。

（五）科目汇总表的编制

本实验采用科目汇总表核算程序，按旬汇总，编制三张科目汇总表。将每旬的经济业务按相同会计科目归类，汇总每一会计科目的借方发生额和贷方发生额，并填写在科目汇总表相关栏目内。

（六）账簿登记

账簿登记是会计核算的重要环节，为了保证账簿记录真实、可靠、正确、完整，满足成本计算和编制会计报表的需要，会计人员在记账时必须遵循登记账簿的基本要求。

1. 登记账簿的依据必须是审核无误的记账凭证。记账人员在登记账簿之前，还应对已经审核过的记账凭证进行再次复核，记账人员对认为有问题的记账凭证或所附原始凭证，应交主管会计人员进一步审核，由主管会计人员根据规定做出处理决定。记账人员不能擅自更改记账凭证，随意处置原始凭证，更不能依据有误的记账凭证登记账簿。

2. 登记账簿的时间要求，因账簿的类别不同和各企业的情况不同而有所差异。各种日记账和债权、债务明细账，应每天登记，随时结出余额，现金日记账还要每天与库存现金进行核对；实物资产如原材料、库存商品等明细账，发生经济业务时就应登记入账，并随时结出余额，以便随时掌握其动态情况；总账和其他明细账可根据实际情况确定登账期，但至少必须每月登账一次。

3. 登记账簿的依据和程序应根据账簿不同而有所不同。库存现金日记账由出纳人员根据现金收付有关的记账凭证，按时间先后顺序逐日逐笔进行登记，并逐日结出余额(本实验中也可逐笔结出余额)。银行存款日记账由出纳人员根据与银行存款有关的记账凭证，按时间先后顺序逐日逐笔进行登记，并每日结出存款余额(本实验中也可逐笔结出余额)。

不同类型的经济业务明细分类账，可根据管理需要，依据记账凭证、原始凭证或原始凭证汇总表逐日或定期汇总登记。总账的登记在本实验中采用科目汇总表核算程序，因此本实验应根据科目汇总表登记总分类账。

4. 登记账簿要按顺序进行，不得隔页、跳行。如不慎出现隔页，应将空白账页用对角“×”号注销或注明“此页空白”；如出现跳行，也应用斜线注销或注明“此行空白”；注销的空白账页或空行处应加盖记账人员名称，以示负责。切忌任意撕毁、抽换账页。订本式日记账或其他账簿严禁撕毁账页。

5. 账簿登记完毕后，要在记账凭证上做出“过账”的标记，可注明账簿页码或打“√”，以免漏记或重登，也便于查阅、核对，并在记账凭证上签章。

6. 每一账页记录完毕，应在该账页最末一行加计发生额合计及余额，在该行“摘要”栏注明“转次页” 或“过次页”，并将这一金额记入下一页第一行有关金额栏内，在该行“摘要”栏注明“承前页”，以保持账簿记录的连续性，便于对账和结账。

7. 在记账过程中发生账簿记录错误，不得随意刮、擦、挖、补或用褪色药水更改字迹，而应根据错误的具体情况，按照规定的方法予以更正。

(七)对账、结账

对账就是核对账目。为了保证账簿所提供的会计资料正确、真实、可靠，登完账后还应定期做好对账工作。本实验的对账工作也包括账证核对和账账核对，但实际工作中还要进行账实核对。总账和明细账的核对通常采用编制各明细账本期发生额与余额表，计算合计数与相应的总账核对，总分类账之间的核对通常采用编制"试算平衡表"来完成。

对账后期末还要进行结账，就是在一定时期内所发生的经济业务全部登记入账的基础上，结算出各种账簿的本期发生额和期末余额。结账要点如下：

1. 对不需要按月结计本期发生额的账户，每期最后一笔余额即为期末余额。期末结账时，只需要在最后一笔业务记录之下通栏划单红线，不需要再结计一次余额。

2. 对库存现金、银行存款日记账以及需要按月结计本期发生额的收入和费用等明细账，每期结账时，要在最后一笔经济业务记录下面通栏划单红线，结出本期发生额和余额，在"摘要"栏内注明"本月合计"字样，再在下面通栏划单红线。

3. 对需要结计本年累计发生额的某些明细账户，每月结账时，应在"本月合计"行下结出自年初起至本月末止的累计发生额，登记在月份发生额下面，在摘要栏内注明"本年累计"字样，并在下面通栏划单红线。12月末的"本年累计"就是全年累计发生额，全年累计发生额下通栏划双红线。

4. 总账账户平时只需结出月末余额。年终结账时，为了总括地反映全年各项资金运行情况的全貌，核对账目，要将所有总账账户结出全年发生额和年末余额，在摘要栏内注明"本年合计"字样，并在合计数下通栏划双红线。

5. 年度终了结账时有余额的账户，要将其余额结转至下年。即将该类账户的余额直接记入新账余额栏内，不需要编制记账凭证，也不必将余额再记入本年账户的借方或贷方。

(八)会计报表的编制

根据各相关账簿的记录编制资产负债表和利润表(本实验暂不要求编制现金流量表和所有者权益变动表)，编制时要按照会计准则的格式和要求，做到数字真实、计算准确、内容完整、说明清楚。

(九)企业所得税年度纳税申报表及其附表的编制

以企业会计核算为基础，以税法规定为标准进行纳税调整，从而确定年应纳税所得额。企业所得税年度纳税申报表及其附表是根据《中华人民共和国企业所得税法》及其实施条例规定，以及依据企业会计制度、企业会计准则等核算的相关账簿记录填报，做到数字真实、计算准确、内容完整。

(十)会计资料的装订

全部实验完成后，把会计凭证按序号整理好，分为三本装订，本实验采用的是顶齐法，即先将记账凭证及所附的原始凭证夹紧，加上封面，划分角线，然后装订线眼，确定和缝制凭证，最后制作包角。

第二章　模拟企业概况

金华市五湖机械有限公司是一家制造业企业，全厂占地面积为 4 万平方米，注册资本金 850 万元，其中金华东明股份有限公司占 66%，汪华占 34%。正式职工 200 余人，公司设有一个生产车间，主要从事生产甲产品和乙产品。管理部门设有行政办公室、销售机构、人力资源部、财务部和采购部。其他相关资料如下：

(1)企业地址：金华市长安里 888 号。

(2)法定代表人：王平

(3)开户银行：工商银行金华长安里支行(基本户)，银行账号：81451058675081002，银行预留印鉴如下图所示。

银行预留印鉴

(4)税务登记号：330110199514160154。

(5)所属行业明细码：3310。

(6)印花税票：剪下印花贴于账簿首页，并划双线注销。

(7)财务部人员分工：孙立为财务部长；刘浩负责出纳核算；李涛和吴江负责会计核算。

(8)会计软件：用友财务软件。

第三章　模拟企业会计制度和核算方法

该公司执行新《企业会计准则》，具体会计政策和核算方法如下：

一、存货的核算

1. 原材料、周转材料收发均按实际成本法计价核算。材料的购入根据材料验收入库凭证，逐笔编制记账凭证。发出材料采用月末一次加权平均法计价，平时只登记数量，不核算金额，月末根据平时材料发出凭证汇总编制“发出材料汇总表”，并计算出期末加权平均单价（小数四舍五入，保留两位），再计算各项发出材料的实际成本（存货发出的数量×加权平均单价），据此编制记账凭证，集中进行材料发出的核算。B材料为甲产品生产专用，A材料为乙产品生产专用，C、D材料为甲、乙产品生产共用。

2. 低值易耗品领用采用一次摊销法。

3. 库存商品收发采用实际成本核算。月末根据平时的产品“入库单”记录，汇总编制“库存商品入库汇总表”，并根据产品成本核算要求计算结转完工产品成本。

4. 存货明细账（材料、低值易耗品、库存商品）平时应根据存货的收发凭证，逐笔对材料、低值易耗品、库存商品的收发存数量进行核算。

二、产品制造成本的核算

1. 基本生产成本。产品成本核算采用品种法，按产品品种设置成本明细账；成本项目设“直接材料”、“直接人工”、“制造费用”三栏，外购生产用动力费用（生产产品耗用水、电）并入“直接材料”科目。

2. 辅助生产成本。辅助生产车间发生的各种直接费用和间接费用，直接在“生产成本——辅助生产成本”科目中归集，其间接费用不通过“制造费用”科目归集，按辅助生产车间设多栏式明细账；辅助生产费用的分配采用直接分配法，月末将辅助生产车间的费用直接分配给辅助生产车间以外的各受益部门，辅助生产费用分配标准为生产工时。

3. 制造费用。按基本生产车间设多栏式明细账，分配标准为生产工时。

4. 期末在产品成本。期末在产品成本按月通过实地盘点，在掌握在产品数量和加工程度的基础上采用约当产量法计算。

三、固定资产的核算

固定资产分为房屋及建筑物、机械设备、运输设备、办公设备四类，均采用平均年限法分类计算折旧。

四、销售成本的核算

产品销售成本采用月末一次加权平均法核算，月末根据平时商品销售出库的记录，汇总编制“主营业务成本计算表”，并结转产品销售成本。

五、工资的核算

1. 公司正式员工 200 人，其中王政、张芳为前年招入的残疾员工，每月工资固定。公司每月委托工商银行转账代发工资，职工以银行卡取款。

2. 税务部门核定的全年计税工资总额为 461 000 元。

六、长期股权投资的核算

被投资企业单位名称为金华建安有限公司，所得税税率为 25%，投资额为 30 万元，占被投资企业注册资本的 51%，采用成本法核算。

七、资产减值准备的核算

1. 坏账损失的核算。设“坏账准备”账户，坏账准备计提金额计算采用余额百分比法，计提比例为 10%。

2. 存货减值准备的核算。设“存货跌价准备”账户，采用成本和可变现净值孰低法核算。

3. 金融资产减值准备的核算。在资产负债表日对以公允价值计量且其变动计入当期损益的金融资产外的金融资产的账面价值进行检查，有客观证据表明该金融资产发生减值的，应当确认减值损失，计提减值准备。

4. 对固定资产、无形资产等非流动资产的核算。在资产负债表日应当对“固定资产”、“无形资产”、“长期股权投资”等资产进行减值测试，如果发现资产可收回金额低于其账面价值的，应计提相应的资产减值准备，并计入当期损益。非流动资产减值损失一经确认不得转回。

八、税负的核算

公司为一般纳税人，增值税税率为 17%，外购材料运费中可凭货物运输专用发票抵扣 11%的进项税额，城建税税率为 7%，教育费附加税率为 3%，地方教育费附加率为 2%，按月缴纳；企业所得税税率为 25%，按月预缴，年终汇算清缴。

九、其他有关费用的核算

公司工会经费，按应付工资总额的 2%计提；养老保险，企业负担部分按规定的计提基数的 12%计提，个人按单位规定的个人计提基数的 8%计提；失业保险，企业负担部分按规定的计提基数 461 000 元的 1%计提，个人按单位规定的个人计提基数的 1%计提；医疗保险，企业负担部分按规定的计提基数 461 000 元的 2%计提，个人按单位规定的个人计提基数的 2%计提；工伤保险，企业负担部分按规定的计提基数 461 000 元的 1.5%计提；生育保险，企业负担部分按规定的计提基数 461 000 元的 2%计提。

十、利润分配的核算

1. 按税后利润的 10%提取法定盈余公积；按税后利润的 5%提取任意盈余公积。

2. 按年末可供分配利润的 60%向投资者分配利润。

第四章　模拟经济业务实训资料

一、账户余额和累计发生额

公司11月底的账户余额及1～11月相关账户的发生额情况如下表所示：

账户余额表

××××年11月30日　　　　单位:元

编号	总　账	明细账	借或贷	余　额		备　注
				总账	明细账	
1001	库存现金		借	5 800	5 800	
1002	银行存款	基本账户	借	4 863 900	4 863 900	
1012	其他货币资金		借	106 500		
101201		存出投资款	借		100 000	
101202		信用卡存款	借		6 500	
1101	交易性金融资产	股票投资(成本)	借	500 000	500 000	紫光股份50 000股
1121	应收票据			563 000		
112101		山西万家公司	借		100 000	
112102		南宁大发公司	借		160 000	
112103		金华友谊公司	借		117 000	
112104		河北衡丰发电有限公司	借		186 000	
1122	应收账款		借	240 700		
112201		金华华大公司	借		150 000	
112202		香港万达公司	借		85 600	
112203		湖南长沙汽配公司	借		5 100	
1221	其他应收款	陈明	借	20 000	20 000	
1231	坏账准备		贷	26 070		
1402	在途物资			650 000		
140201		A原材料	借		500 000	
140202		B原材料	借		150 000	
1403	原材料		借	950 000		

续表

编号	总　账	明细账	借或贷	余　额		备　注
				总账	明细账	
140301		A 原材料	借		350 000	80 吨
140302		B 原材料	借		280 000	75 吨
140303		C 原材料	借		220 000	70 吨
140304		D 原材料	借		100 000	60 吨
1405	库存商品		借	781 821		
140501		甲产品	借		230 400	45 台
140502		乙产品	借		551 421	64 台
1411	周转材料		借	10 000		
1511	长期股权投资	金华建安有限公司	借	300 000		金华建安有限公司 150 000 股
5001	生产成本	基本生产成本(详见附表 1)	借	600 000		
500101		甲产品	借		304 723	75 台
500102		乙产品	借		295 277	55 台
1601	固定资产		借	3 400 000		
160101		房屋建筑物	借		2 000 000	
160102		机器设备	借		860 000	
		其中:节能设备			160 000	5 月份购入
160103		运输设备	借		480 000	
160104		办公设备	借		60 000	
1602	累计折旧		贷	1 435 440		年初余额 1 261 000 元
1701	无形资产		借	120 000		专利权,按 10 年摊销
1702	累计摊销		贷	23 000		
2001	短期借款	流动资金借款	贷	600 000		
2002	长期借款	车间技改借款	贷	500 000		
2203	应付账款		贷	783 000		
220301		金华飞龙集团	贷		317 000	
220302		上海天意贸易公司	贷		6 000	
220304		上海天马有限公司	贷		460 000	
2211	应付职工薪酬		贷	500 000	500 000	11 月累计 4 540 000 元
2221	应交税费		贷	226 475		
22211		未交增值税	贷		200 650	
22212		应交城建税	贷		14 045.5	

续表

编号	总 账	明细账	借或贷	余 额		备 注
				总账	明细账	
22213		应交企业所得税	贷			
22214		应交教育费附加	贷		6 019.5	
22215		代交个人所得税			5 760	
2241	其他应付款		贷	280 969.8		
22411		社会保险费	贷		85 285	
22412		工会经费	贷		9 684.8	
22413		王平	贷		186 000	
4001	实收资本		贷	8 500 000		
40011		金华市东明公司	贷		5 610 000	
40012		汪华	贷		2 890 000	
4101	盈余公积		贷	150 000		
41011		法定盈余公积	贷		100 000	
41012		任意盈余公积	贷		50 000	
4103	本年利润		贷	273 447		
4104	利润分配		借	186 680.8		上年亏损

账户累计发生额表

××××年1～11月

单位:元

编号	总 账	明细账	借或贷	合计发生额		备 注
				总账	明细账	
6001	主营业务收入		贷	19 252 140.80		
600101		甲产品	贷		11 068 572.6	
600102		乙产品	贷		8 165 568.2	
6051	其他业务收入		贷	100 000		材料销售
6111	投资收益		贷	91 455.2		交易性金融资产投资
6301	营业外收入		贷	20 000		非流动资产处置利得
6401	主营业务成本		借	15 554 865		
640101		甲产品	借		8 082 530	
640102		乙产品	借		7 472 335	
6403	营业税金及附加		借	492 000		
6402	其他业务成本		借	80 000		
6601	销售费用		借	608 000		

续表

编号	总　账	明细账	借或贷	合计发生额		备　注
				总账	明细账	
		薪酬			230 000	
		广告业务宣传费	借		360 000	上年度未抵扣完结转年广告费120 000元
		折旧费			5 500	
		办公费			12 500	
6602	管理费用		借	2 274 135		
		薪酬			702 120	
		职工福利费			12 388	
		折旧			48 600	
		办公费			82 000	
		保险费			35 000	
		差旅费			18 000	
		业务招待费			110 000	
		研发费用			200 000	
		税费			4 000	
		工会经费			100 000	
		社会保险费			938 135	
		其他			23 892	
6603	财务费用		借	80 000		
		利息支出			70 000	
		手续费			6 000	
		其他			4 000	
6771	营业外支出		借	10 000		
		罚款			10 000	
6801	所得税费用		借	91 149		

附表1　　生产成本——基本生产成本期初余额明细表

项目 产品名称	直接材料	直接人工	制造费用	合　计
甲产品	213 306.10	76 180.75	15 236.15	304 723.00
乙产品	206 693.90	73 819.25	14 763.85	295 277.00

二、经济业务资料

12 月 1 日

1. 向银行申请取得 6 个月期限的借款 500 000 元，已存入银行。

12 月 3 日

2. 将一张面值为 186 000 元的银行承兑汇票，向银行申请贴现，取得贴现款 185 256 元。

3. 向金华电子机械厂购入 A 材料，货税款合计 1 053 000 元，款项已支付，材料已验收入库。

12 月 4 日

4. 收到恒丰实业有限责任公司支票一张，支付机器租金 70 200 元。

5. 以电汇方式支付给厦门新星广告公司的产品样本广告费 24 754 元及汇款手续费 247.20 元。

6. 开出转账支票一张，支付给金华综合服务有限公司清洁费 2 000 元。

7. 开出转账支票一张，支付本公司职工张芳、李忆欣的电大学费 1 060 元。

8. 出售废料，取得价款 4 000 元，已存入银行。

12 月 5 日

9. 向银行申请取得银行汇票一份，面值 600 000 元，另支付手续费 21 元。

12 月 6 日

10. 从江苏昆山商贸公司购入 B 材料 130 吨，金额 500 000 元，增值税 85 000 元，材料已验收入库，货税款以银行汇票予以结算，多余款项已退回，运输费 1 110 元尚未支付。

11. 向税务部门上交印花税 2 000 元，滞纳金 200 元。

12. 上交社会保险费 85 285 元及代扣公司职工个人所得税 5 760 元。

12 月 8 日

13. 已确认为坏账的奉贤农业机械厂前欠货款，现收到交来的转账支票一张，面值 28 080 元，并已办妥进账手续。

14. 拨缴工会经费 9 684.80 元，以银行存款支付。

12 月 9 日

15. 购入办公用品 1 000 元，以现金支付，行政管理部门当即领用。

16. 委托银行支付前欠江苏长通运输有限公司运输费 1 110 元。

17. 向金华云民木箱厂购进木箱，价税款合计 6 084 元，以转账支票支付，木箱已验收入库。

12 月 11 日

18. 向武汉海宏有限责任公司销售乙产品 50 台，每台售价 11 000 元，增值税税率 17%，货税款未收。

19. 通过金华证券营业部购入 02 国债 50 份，价款 53 500 元，佣金 50 元，公司将其划分为交易性金融资产。

20. 开出转账支票一张，以支付给金华产品研究所新产品试制费 73 223.20 元。

12 月 12 日

21. 开出现金支票一张，以从银行提取现金 3 000 元备用。

12 月 13 日

22. 向武汉九头鸟公司销售乙产品 10 台，每台售价 10 000 元，增值税税率 17%，收到该公司交来的商业承兑汇票一份，面值 117 000 元。

12 月 15 日

23. X-63 型设备已无法使用，申请报废，该设备原值 25 000 元，已提折旧 23 000 元，另以转账支票支付清理费用 1 200 元。

24. 以现金支付刻制公司印章费用 65 元。

25. 向税务部门缴纳城市维护建设税 14 045.50 元，教育费附加 6 019.50 元，增值税 200 650元。

12 月 16 日

26. 向江苏泰和有限责任公司销售甲产品 80 台，每台售价 7 500 元，增值税税率 17%，收到该公司交来的银行汇票一份，面值 702 000 元，已办理进账手续。

27. 行政部门的海尔空调不再使用，现申请出售，该空调原值 4 000 元，已提折旧2 500元。

28. 向金华静安有限公司出售 C 材料 1 吨，价款 4 000 元，以现金收讫。

29. 由于仓库被盗，通过清查发现被盗的材料有：A 材料 7.5 吨，C 材料 0.5 吨，D 材料 0.5 吨。通过批准予以转销，其中应由仓库保管员赔偿 400 元。

30. 通过证券公司出售本公司所持有的紫光股份 6 000 股，实际收到 61 450.80 元。

31. 经董事会决议向银行申请取得期限为 9 个月的借款 200 000 元，已存入银行。设备清理完毕，结转净损益。

32. 上月所购入的 A 材料 115 吨和 B 材料 40 吨，现验收入库。

33. 出售废钢铁 1 000 千克，价款 1 000 元，收到银行转账支票一张，已送存银行。

12 月 17 日

34. 开出现金支票一张，从银行提取备用金 8 000 元。

35. 收到金华华大公司交来的转账支票一张，面值 150 000 元，当即将其背书转让给金华飞龙集团。

36. 向银行申请取得银行汇票一份，面值 167 000 元，另支付手续费 5.85 元。

37. 公司员工李明因公出差，向公司预借差旅费 2 000 元，以现金支付。

38. 基本生产车间领用材料：A 材料 70 吨，B 材料 65 吨，C 材料 65 吨，D 材料 30 吨。

39. 公司员工马莉报销医药费 3 500 元，以现金支付。

40. 行政部门报销邮寄费 18.50 元，以现金支付。

41. 开出转账支票一张，支付业务招待费 2 500 元。

12 月 18 日

42. 签发转账支票以支付公司职工薪酬 494 240 元，并代扣职工个人所得税5 760元。

43. 产品生产完工验收入库，其中甲产品 75 台，乙产品 35 台。

44. 开出转账支票一张，支付业务招待费 8 000 元。

45. 向江苏电子机械厂购入 D 材料 30 吨，单价 2 520 元，金额 75 600 元，增值税 12 852 元，材料已验收入库，货税款未付。

46. 开出现金支票一张，从银行提取现金 1 000 元备用。

47. 开出转账支票一张，以支付太平洋保险公司财产保险费 1 080 元。

12 月 19 日

48. 以现金支付公司员工培训费 800 元。

49. 本公司前欠上海天意商贸公司的货款 6 000 元，由于该公司已经撤销而无法支付，经批准同意注销该笔货款。

50. 开出转账支票一张，支付业务招待费 2 400 元。

51. 仓库发出 D 材料，其中：基本生产车间领用 20 吨，公司管理部门领用 1 吨，销售部门领用 1 吨。

52. 李明出差回来报销差旅费 1 500 元，交回现金 500 元。

53. 以转账支票支付电话费 1 632 元。

54. 以现金支付业务招待费 960 元。

55. 生产车间员工林冰报销差旅费 1 702 元，以现金支付。

56. 公司持有的南宁大发公司签发并承兑的商业汇票到期，收到票款 160 000 元。

57. 从金华三菱重工空调营业部购入空调 10 台，通过验收交付职工宿舍使用。

58. 以银行存款支付排污费 1 000 元。

12 月 20 日

59. 以银行存款支付电费 1 000 元。

60. 通过工商银行向金华市自来水公司支付 12 月份的水费 1 995 元。

61. 人事部黄百丽报销差旅费 1 187 元，以现金支付。

62. 以现金支付业务招待费 1 000 元。

63. 收到工商银行转来的存款利息 265 元。

64. 销售甲产品(YD0001 型)2 台，单价 7 100 元，共计 14 200 元，增值税税率 17%。收到对方交来的银行本票一份，面值 16 614 元，已送存银行。

65. 委托银行支付前欠上海天马有限公司货款 460 000 元。

66. 用现金支付过桥过路费 850 元。

67. 委托银行向金华市电信局支付通信费 1 719.90 元。

68. 向金华市立信文化用品商店购买办公用品一批，当即由各部门领用，货款以转账支票支付。

69. 验收入库完工产品，其中甲产品 40 台，乙产品 40 台。

12 月 21 日

70. 公司持有的一张面额为 117 000 元商业承兑汇票向中国工商银行申请贴现，收到贴现净额 116 396 元。

12 月 23 日

71. 公司向江西省时新商贸公司销售乙产品 35 台，单价 10 500 元，增值税税率 17%，产品已发出，收到对方交付的面额 429 975 元的银行汇票一份，并已送存银行。

72. 公司收到香港万达公司支付前欠货款 85 600 元。

12 月 24 日

73. 向上海东方商贸有限公司销售甲产品 78 台，单价 7 000 元，增值税税率 17%，产品已发出，货税款已存入银行。

74. 收到工商银行通知，支付借款利息 395 元。

75. 向金华永信商贸有限公司销售乙产品 44 台，单价 11 000 元，增值税税率 17%，产品已发出，收到对方开出的转账支票一张，并已送存银行。

76. 公司从国外进口小轿车一辆，完税价格 420 453 元，关税税率 25%，汽车已验收交付使用，全部货税款已用银行存款支付。

77. 将现金 5 000 元送存银行。

78. 现金清查过程中发现盘盈现金 90 元，经上级批准作长款处理。

79. 公司归还原欠王平款项 186 000 元。

80. 向工商银行申请取得银行汇票一份，面值 260 000 元，另向银行支付手续费 9.1 元。

12 月 25 日

81. 公司向金华市第二建筑公司预付工程款 200 000 元。

82. 公司开出转账支票向金华阳光广告有限公司支付广告费 10 600 元。

83. 公司正常报废机器设备一台，原价 24 000 元，已提折旧 18 400 元。由于自然灾害，损毁厂房原值 50 000 元，已提折旧 9 000 元。

84. 报废机器设备作废旧物资出售，取得收入 200 元。

85. 公司给困难员工发放职工困难补助 290 元。

86. 开出转账支票一张，面额为 5 265 元，用以支付报刊费。

12 月 26 日

87. 公司向金华联丰建材经营部购买包装箱 60 只，单价 85 元，增值税税率 17%，包装箱已验收入库，价税款以转账支票支付。

88. 公司购买水泥 9 吨，单价 1 000 元，增值税税率 17%，货物已验收入库，货款以转账支票予以支付。

89. 根据投资协议向金华市东风机械厂投资 500 000 元，以转账支票予以支付。

90. 发生办公楼维修费 14 000 元，款项尚未支付。

12 月 27 日

91. 公司从证券市场购买大华股份的股票 10 000 股，金额 100 000 元，另外支付相关税费 905 元，公司将其划分为交易性金融资产。

92. 湖南长沙汽配公司前欠本公司货款 5 100 元，经确认无法收回，批准作为坏账处理。

12 月 28 日

93. 计算应交房产税 1 680 元。

94. 计算应交车船税 2 000 元。

12 月 31 日

95. 根据“外购水费分配表”分配水费。

96. 根据“外购电费分配表”分配电费。

97. 根据“工资结算汇总表”及“工资费用分配表”分配职工工资。

98. 根据“固定资产折旧计算表”计提本期固定资产折旧。

99. 按规定使用年限用直线法摊销无形资产。

100. 计提本期的工会经费、社会保险费。

101. 根据“应收账款”、“其他应收款”科目的余额，按 10%计提坏账准备。

102. 结转发出材料、销售材料的成本。

103. 根据“制造费用分配表”分配结转制造费用。

104. 计算本期完工甲产品、乙产品的生产成本，并结转完工产品成本。

105. 结转本期已销售甲产品、乙产品的生产成本。

106. 向陕西省××中心小学捐赠甲产品 5 台。

107. 将“应交税费——应交增值税”账户的余额转入“应交税费——未交增值税”账户。

108. 计算本期应缴纳的城市维护建设税、教育费附加。

109. 计算 12 月份应缴纳的所得税费用。

110. 将损益类账户的余额转入“本年利润”账户。

111. 将本年实现的净利润转入“利润分配”科目，并根据利润分配计算表提取盈余公积金，向投资者分配利润。

112. 将“利润分配”的其他明细科目余额转入“利润分配——未分配利润”明细科目。

第五章　模拟经济业务会计凭证资料

模拟企业 12 月份发生的经济业务如下：

表 1—1

（　　贷款）**借款凭证**（申请书代收据）　　　　①

单位编号：　　　　日期：××××年 12 月 1 日　　　　银行编号：

此联由银行代放款账户付款凭证

<table>
<tr><td rowspan="3">收款单位</td><td>全称</td><td>金华市五湖机械有限公司</td><td rowspan="3">借款单位</td><td>全称</td><td>工商银行长安里支行</td></tr>
<tr><td>往来户账号</td><td>81451058675081002</td><td>放款户账号</td><td>03261—050632581</td></tr>
<tr><td>开户银行</td><td>工商银行长安里支行</td><td>开户银行</td><td>工商银行长安里支行</td></tr>
<tr><td colspan="2">借款期限
（最后还款日）</td><td>6 个月
（××××年 6 月 1 日）</td><td colspan="2">借款计划指标</td><td></td></tr>
</table>

借款申请金额	人民币（大写）伍拾万元整	千	百	十	万	千	百	十	元	角	分
				5	0	0	0	0	0	0	0

借款原因及用途		银行核定金额：	千	百	十	万	千	百	十	元	角	分
				¥	5	0	0	0	0	0	0	0

期限	计划还款日期	√	计划还款金额	银行审批
				负责人　　信贷部门主管　　信贷员

中国工商银行长安里支行
××××年12月1日
转讫

兹根据你行贷款办法规定，申请办理上述借款，请核定贷款。 此致 （借款单位预留往来户印章）	会计分录 （付出）　　　户 对方科目：（收入） 会计　　复核　　记账

表 2—1

银行承兑汇票　2

XI02985782

签发日期(大写):××××年壹拾壹月零叁日　　第　号

收款人	全称	金华市五湖机械有限公司		承兑申请人	全称	河北衡丰发电有限公司
	账号	81451058675081002			账号	54868324
	开户行	工商银行长安里支行	行号 109		开户行	建行电厂专业支行

汇票金额	人民币(大写) 壹拾捌万陆仟元整	千	百	十	万	千	百	十	元	角	分
			¥	1	8	6	0	0	0	0	0

汇票到期日	××××年 01 月 11 日	
本汇票送存你银行承兑,并确认《银行结算办法》和承兑协议的各项规定。 此致 承兑银行 承兑申请人签章 ××××年 11 月 3 日	承兑协议编号	交易合同号码　发票
本汇票经本行承兑,到期日由本行交付。 ××银行财务专用章 承兑银行盖章 ××××年 11 月 3 日	(印章:河北衡丰发电有限公司 发票专用章) 黄平立印 汇票签发人盖章 负责　　经办	科目(付) 对方科目(收) 转账 日期　年　月　日 复核　记账

此联收款人开户银行向承兑银行收取票款时作联行往来账付出传票

表 2—2

贴　现　凭　证　(收账通知)　4

申请日期:××××年 12 月 3 日　　第　号

贴现汇票	种类	银行承兑汇票	号码 AA/0100235812	持票人	名称	金华市五湖机械有限公司
	出票日	××××年 11 月 3 日			账号	81451058675081002
	到票日	××××年 01 月 11 日			开户银行	工行长安里支行
汇票承兑人	名称	河北衡丰发电有限公司		账号 54868324	开户银行	建行电厂专业支行

汇票金额	人民币(大写) 壹拾捌万陆仟元整	千	百	十	万	千	百	十	元	角	分
			¥	1	8	6	0	0	0	0	0

贴现率每月	4‰	贴现利息	千	百	十	万	千	百	十	元	角	分
							¥	7	4	4	0	0

贴现金额	千	百	十	万	千	百	十	元	角	分
		¥	1	8	5	2	5	6	0	0

贴现款项已入你单位账户。 此致 银行签章 年　月　日	备注:

(印章:中国工商银行长安里支行 ××年12月1日 转讫)

此联银行给持票人的收账通知

表 3－1

浙江省增值税专用发票

全国统一发票监制章 浙江省 国家税务总局监制

发票联

№ 04838841

开票日期:××××年 12 月 3 日

购货单位	名　　　　称:金华市五湖机械有限公司 纳税人识别号:110199514160154 地 址 、电 话:金华市长安里 888 号 开户行及账号:工行长安里支行 81451058675081002	密码区	245687478/>+<1248<−< 加密版本:01 *+−−457−</148<−22−45 8641516972 *−4−78>879458136845<7+0 14785412 9/92/279>>−>98>><1 478131

货物或应税劳务名称	规格型号	单位	数 量	单 价	金 额	税 率	税 额
材 料					900 000.00	17%	153 000.00
合 计					￥900 000.00	17%	￥153 000.00
价税合计(大写)	壹佰零伍万叁仟元整				(小写)￥1 053 000.00		

销货单位	名　　　　称:金华电子机械厂 纳税人识别号:420563426735637 地 址 、电 话:金华市五里路 23 号 开户行及账号:工商银行五里支行 42045276341	备注	

金华电子机械厂 发票专用章

收款人:　　　　复核:　　　　开票人:刘叶　　　　销货单位:(章)

第二联 发票联 购货方记账凭证

表 3－2

浙江省增值税专用发票

全国统一发票监制章 浙江省 国家税务总局监制

抵扣联

№ 04838841

开票日期:××××年 12 月 3 日

购货单位	名　　　　称:金华市五湖机械有限公司 纳税人识别号:110199514160154 地 址 、电 话:金华市长安里 888 号 开户行及账号:工行长安里支行 81451058675081002	密码区	245687478/>+<1248<−< 加密版本:01 *+−−457−</148<−22−45 8641516972 *−4−78>879458136845<7+0 14785412 9/92/279>>−>98>><1 478131

货物或应税劳务名称	规格型号	单位	数 量	单 价	金 额	税 率	税 额
材 料					900 000.00	17%	153 000.00
合 计					￥900 000.00	17%	￥153 000.00
价税合计(大写)	壹佰零伍万叁仟元整				(小写)￥1 053 000.00		

销货单位	名　　　　称:金华电子机械厂 纳税人识别号:420563426735637 地 址 、电 话:金华市五里路 23 号 开户行及账号:工商银行五里支行 42045276341	备注	

金华电子机械厂 发票专用章

收款人:　　　　复核:　　　　开票人:刘叶

第一联 抵扣联 购货方抵扣凭证

表 3—3

中国工商银行
转账支票存根

支票号码:XⅡ 415131

科　　目:

对方科目:

签发日期:××××年 12 月 3 日

收款人:金华电子机械厂
金　额:¥1 053 000.00
用　途:支付购料款
备　注:

单位主管:　　　　会计:

表 3—4

入　库　单

收料部门:仓库　　××××年 12 月 3 日　　收字第　号

种类	编号	名称	规格	数量	单位	单价	成本总额									
							千	百	十	万	千	百	十	元	角	分
材料		A 原材料	ZD0001	200	吨	4 500.00			9	0	0	0	0	0	0	0
备注								¥	9	0	0	0	0	0	0	0

第三联　财务记账

负责人:孙立　　记账:李涛　　验收:张华　　填单:刘为

表 4—1

被背书人 金华市五湖机械有限公司	被背书人	被背书人
背书: 恒丰实业有限公司支票专用章 程萍印章 日期　××××年 12 月 4 日	背书: 日期　年　月　日	背书: 日期　年　月　日

编者注:本支票正面金额为 70 200.00 元,正面内容从略。

表 4－2

中国工商银行　进账单(回单)　1

××××年 12 月 4 日　　　　第　　号

出票人	全称	永成实业有限责任公司	持票人	全称	金华市五湖机械有限公司
	账号	3205637123		账号	81451058675081002
	开户银行	建行江大支行		开户行	工商银行长安里支行

人民币(大写)		千	百	十	万	千	百	十	元	角	分
	柒万零贰佰元整			¥	7	0	2	0	0	0	0

票据种类	银行支票	票据张数	1 张
票据号码	26189		

中国工商银行长安里支行
××××年12月4日
转
讫

单位主管：　　会计：　　复核：　　记账：　　　持票人开户银行签章

此联持票人开户银行交给持票人的收账通知

表 4－3

浙江省增值税专用发票

此联不作报销凭证使用　　　　№ 001785988

开票日期：××××年 12 月 4 日

购货单位	名　　称：恒丰实业有限责任公司 纳税人识别号：32010578624671 地 址 、电 话：金华市江大路 8 号 64667188 开户行及账号：建行江大支行 3205637123	密码区	458687478/>+<1248<-< 加密版本：01 *+--457-</148<-22-45 4589216972 *-3-65>879458136845<7+0 2455412 8/56/145>>->98>><1 478131

货物或应税劳务名称	规格型号	单位	数量	单价	金额	税率	税额
机器出租				60 000.00	60 000.00	17%	10 200.00
合计					¥60 000.00	17%	¥10 200.00
价税合计(大写)	柒万零贰佰元整					(小写)¥70 200.00	

销货单位	名　　称：金华市五湖机械有限公司 纳税人识别号：110199514160154 地 址 、电 话：金华市长安里 888 号 开户行及账号：工行长安里支行 81451058675081002	备注	

收款人：　　复核：　　开票人：周云丽　　销货单位：

第三联　记账联　销货方记账凭证

表 5—1

中国工商银行电子汇兑凭证

凭证号码　3744473

委托日期:××××年 12 月 4 日　　第　　号

汇款人	全　称	金华市五湖机械有限公司	收款人	全　称	厦门新星广告公司
	账　号 或住址	81451058675081002		账　号 或住址	61451046875081123
	汇出地	浙江省　金华市　县		汇入地	福建省　厦门市　县
	汇出行 全　称	工商银行长安里支行		汇入行 全　称	交行北海支行

金额	人民币（大写）	千	百	十	万	千	百	十	元	角	分
	贰万肆仟柒佰伍拾肆元整			¥	2	4	7	5	4	0	0

汇款用途:产品样本广告费

注:如需加急,请汇款人在括号里注明“加急”字样。(　)

（印章：中国工商银行长安里支行 ××××年12月4日 转）

复核　　经办

第一联　汇出行给汇款人的回单

表 5—2

中国工商银行金华长安里支行邮、电手续费收费凭证(借方凭证)

××××年 12 月 4 日

缴款人名称:金华市五湖机械有限公司

信(电)汇　笔　汇票 1 笔　其他　笔

账号:81451058675081002

异托、委托　笔　支票　笔(本)　专用托收　笔

邮费金额					电报费金额					手续费金额					合计金额					
百	十	元	角	分	百	十	元	角	分	百	十	元	角	分	千	百	十	元	角	分
										2	4	7	2	0	¥	2	4	7	2	0

合计金额　人民币(大写)　贰佰肆拾柒元贰角整

（印章：中国工商银行长安里支行 ××××年12月4日 转讫）

复核:　记账:

复票:　制票:

表 6—1

浙江省服务业统一发票

全国统一发票监制章 浙江省 国家税务总局监制

发票联

发票代码：24201067171
发票号码：01192541
发票日期：××××年 12 月 4 日

付款单位(个人)：金华市五湖机械有限公司

经营项目	单位	数量	单价	金额							
				十	万	千	百	十	元	角	分
清洁费						2	0	0	0	0	0
人民币合计　贰仟元整					¥	2	0	0	0	0	0

第二联　发票联

金华综合服务有限公司 发票专用章

企业(盖有效章)
地　址　　　　　　财务　　　　　　开票：汤明一

表 6—2

中国工商银行
转账支票存根

支票号码：XⅡ 415132
科　　目：
对方科目：
签发日期：××××年 12 月 4 日

收款人：金华综合服务有限公司
金　额：¥2 000.00
用　途：支付清洁费
备　注：

单位主管：　　　　　　会计：

表 7—1

浙江省非经营性收费统一票据

№ 7051

××××年 12 月 4 日

<table>
<tr><td>缴款单位
（或个人）</td><td>张芳、李忆欣</td><td colspan="2"></td><td>款项
内容</td><td colspan="10">学　费</td></tr>
<tr><td rowspan="2">人民币
（大写）</td><td rowspan="2">壹仟零陆拾元整</td><td colspan="3" rowspan="2"></td><td>千</td><td>百</td><td>十</td><td>万</td><td>千</td><td>百</td><td>十</td><td>元</td><td>角</td><td>分</td></tr>
<tr><td></td><td></td><td></td><td>¥</td><td>1</td><td>0</td><td>6</td><td>0</td><td>0</td><td>0</td></tr>
<tr><td>收款单位
盖章
浙江电大金华学院
发票专用章</td><td></td><td>收款人签章</td><td colspan="5">赵有成</td><td>摘要</td><td colspan="6">第二学年电大学费</td></tr>
</table>

②
发
票

表 7—2

中 国 工 商 银 行
转 账 支 票 存 根

支票号码：XⅡ 415133

科　　目：

对方科目：

签发日期：××××年 12 月 4 日

收款人：赵有成
金　额：¥1 060.00
用　途：第二学年电大学费
备　注：

单位主管：　　　　会计：

表 8—1

浙江省增值税普通发票

记 账 联　　142010623101

购方单位:金华市物资经营公司　　××××年 12 月 4 日　　发票号码 02036898

品名及规格	货物或劳务名称	单位	数量	单价	金额						
					万	千	百	十	元	角	分
废料		千克	4 000	1		4	0	0	0	0	0
金额(大写)　肆仟元整					¥4 000.00						
备注:											

③开票方记账原始凭证

开票单位盖章:　　复核人:　　收款人:张利芳　　开票人:张利芳

表 8—2

中国工商银行　金华市分行　支票

支票号码:DN 044356

出票日期(大写)　××××年壹拾贰月零肆日　　付款人名称:工行莘庄支行

收款人:金华市五湖机械有限公司　　出票人账号:244-05206562

人民币(大写)	肆仟元整	千	百	十	万	千	百	十	元	角	分
					¥	4	0	0	0	0	0

用途:收购残料

上列款项请从

我账户内支付

金华市物资经营公司
财务专用章

出票人签章

复核

记账

验印

表 8—3

中国工商银行金华市（　）进账单（收账通知）　1

××××年 12 月 4 日　　　　第　　号

出票人	全称	金华市物资经营公司	持票人	全称	金华市五湖机械有限公司
	账号	244-05206562		账号	81451058675081002
	开户银行	工行莘庄支行		开户行	工商银行长安里支行

人民币（大写）	千	百	十	万	千	百	十	元	角	分
肆仟元整				¥	4	0	0	0	0	0

票据种类	转账支票	中国工商银行长安里支行 ××××年12月4日 转讫
票据张数	1	

单位主管：　　会计：　　复核：　　记账：　　　　持票人开户银行签章

此联持票人开户银行交给持票人的收账通知

表 9—1

银行汇票申请书

中国工商银行　银行汇票申请书　（存根）　1

申请日期　××××年 12 月 5 日　　　　第　　号

申请人	金华市五湖机械有限公司	收款人	江苏昆山商贸公司
账号或住址	20050410	账号或住址	81451058675081002
用途	支付购货款	代理付款行	工行长安里支行

汇票金额	人民币（大写）	千	百	十	万	千	百	十	元	角	分
	陆拾万元整		¥	6	0	0	0	0	0	0	0

上列款项请从我账户内支付

金华市五湖机械有限公司 财务专用章

申请人盖章

科　　目（借）：

对方科目（贷）：

转账日期：　　年　　月　　日

复核：　　　　记账：

此联申请人保留

表 9−2　**中国工商银行金华长安里支行邮、电手续费收费凭证(借方凭证)**

××××年 12 月 5 日

缴款人名称:金华市五湖机械有限公司	信(电)汇　笔　汇票 1 笔　其他　笔
账号:81451058675081002	异托、委托　笔　支票　笔(本)　专用托收　笔

邮费金额					电报费金额					手续费金额					合计金额						
百	十	元	角	分	百	十	元	角	分	百	十	元	角	分	千	百	十	元	角	分	中国工商银行长安里支行 ××××年12月5日 转讫
											2	1	0	0		¥	2	1	0	0	复核:　记账:
合计金额					人民币(大写)　贰拾壹元整																复票:　制票:

表 10−1

江苏省增值税专用发票

全国统一发票监制章 江苏省 国家税务总局监制

发票联

№ 04738840

开票日期:××××年 12 月 6 日

购货单位	名　　称:金华市五湖机械有限公司 纳税人识别号:110199514160154 地 址 、电 话:金华市长安里 888 号 开户行及账号:工行长安里支行 81451058675081002	密码区	245687478/>+<1248<−< 加密版本:01 *+−−457−</148<−22−45 8641516972 *−4−78>879458136845<7+0 14785412 9/92/279>>−>98>><1 478131

货物或应税劳务名称	规格型号	单位	数 量	单 价	金　额	税 率	税　额
材　料	YZ0001	吨	130	3 846.15	500 000.00	17%	85 000.00
合　计					¥500 000.00	17%	¥85 000.00
价税合计(大写)	伍拾捌万伍仟元整				(小写)¥585 000.00		

销货单位	名　　称:江苏昆山商贸公司 纳税人识别号:420563426735637 地 址 、电 话:昆山市丰都路 25 号 开户行及账号:工行丰都支行 42045276341	备注	江苏昆山商贸公司 发票专用章

收款人:　　复核:　　开票人:李风　　销货单位:(章)

第二联　发票联　购货方记账凭证

表 10－2

江苏省增值税专用发票

全国统一发票监制章 江苏省 国家税务总局监制

抵扣联

№ 04738840

开票日期：××××年 12 月 6 日

购货单位	名　　　称：金华市五湖机械有限公司 纳税人识别号：110199514160154 地 址 、电 话：金华市长安里 888 号 开户行及账号：工行长安里支行 81451058675081002	密码区	245687478/>+<1248<−< 加密版本：01 *+−−457−</148<−22−45 8641516972 *−4−78>879458136845<7+0 14785412 9/92/279>>−>98>><1 478131

货物或应税劳务名称	规格型号	单位	数量	单价	金额	税率	税额
材　料	YZ0001	吨	130	3 846.15	500 000.00	17%	85 000.00
合　计					¥500 000.00	17%	¥85 000.00
价税合计(大写)	伍拾捌万伍仟元整				(小写)¥585 000.00		

销货单位	名　　　称：江苏昆山商贸公司 纳税人识别号：420563426735637 地 址 、电 话：昆山市丰都路 25 号 开户行及账号：工行丰都支行 42045276341	备注	江苏昆山商贸公司 发票专用章

收款人：　　复核：　　开票人：李风　　销货单位：(章)

第一联 抵扣联 购货方抵扣凭证

表 10－3

货物运输业增值税专用发票

NO　07838849

全国统一发票监制章 江苏省 国家税务总局监制

发票联

开票日期：××××年 12 月 6 日

承运人及纳税人识别号	江苏长通运输有限公司 790563426735597	密码区	037<11<233/>*67+85364+<91<581+6946< −84−2>5>−388860−−8>4+38+0>*56809 84081132>>9*4171−81+98*−−0636<−>> 10<736<7/15−−8+501/01<08/5*40072−<
实际售票方及纳税人识别号	金华市五湖机械有限公司 110199514160154		
收货人及纳税人识别号	金华市五湖机械有限公司 110199514160154	发货人及纳税人识别号	江苏昆山商贸公司 420563426735637
起运地、经由、到达地	江苏昆山到金华		
费用项目及金额	费用项目：材料 YZ0001 运输 金额：1 000.00	运输货物信息	材料 YZ0001

合计金额	¥1 000.00	税率	11%	税额	¥110.00	机器编号	499900650899
价税合计(大写)	壹仟壹佰壹拾元整				(小写)¥1 110.00		
车种车号		车船吨位		备注	江苏长通运输有限公司 发票专用章		
主管税务机关及代码	南京市米东区国税局税源管理二科 16501090400						

收款人：　　复核人：　　开票人：刘林　　承运人：(章)

国税函(××××)×××号江苏印钞有限公司

第二联 发票联 托运人记账凭证

表 10－4

货物运输业增值税专用发票

NO 07838849

全国统一发票监制章 江苏省 国家税务总局监制

抵扣联

开票日期：××××年 12 月 6 日

承运人及纳税人识别号	江苏长通运输有限公司 790563426735597	密码区	037＜11＜233/＞＊67＋85364＋＜91＜581＋6946＜ －84－2＞5＞－388860－－8＞4＋38＋0＞＊56809 84081132＞＞9＊4171－81＋98＊－－0636＜－＞＞ 10＜736＜7/15－－8＋501/01＜08/5＊40072－＜	
实际售票方及纳税人识别号	金华市五湖机械有限公司 110199514160154			
收货人及纳税人识别号	金华市五湖机械有限公司 110199514160154	发货人及纳税人识别号	江苏昆山商贸公司 420563426735637	
起运地、经由、到达地	江苏昆山到金华			
费用项目及金额	费用项目：材料 YZ0001 运输；金额：1 000.00	运输货物信息	材料 YZ0001	
合计金额	¥1 000.00	税率 11%	税额 ¥110.00	机器编号 499900650899
价税合计（大写）	壹仟壹佰壹拾元整		（小写）¥1 110.00	
车种车号		车船吨位		备注
主管税务机关及代码	南京市米东区国税局税源管理二科 16501090400			

江苏长通运输有限公司 发票专用章

收款人：　　复核人：　　开票人：刘林　　承运人：（章）

国税函（××××）×××号江苏印钞有限公司

第一联 抵扣联 托运人抵扣凭证

表 10－5

入 库 单

收料部门：仓库　　××××年 12 月 6 日　　收字第 6 号

种类	编号	名称	规格	数量	单位	单价	成本总额									
							千	百	十	万	千	百	十	元	角	分
材料	YZ0001	B原材料		130	吨	3 853.85			5	0	1	0	0	0	0	0
备注								¥	5	0	1	0	0	0	0	0

第三联 财务记账

负责人：孙立　　记账：李涛　　验收：张华　　填单：刘为

表 10—6

中国工商银行

付款期限 壹个月

银行汇票 多余款收账通知 4

汇票号码 第 X01213

出票日期(大写):××××年壹拾贰月零陆日　　代理付款行:长安里支行　行号:6354812

收款人:江苏昆山商贸公司												
出票金额	人民币(大写)	陆拾万元整										
实际结算金额	人民币(大写)	伍拾捌万伍仟元整	千	百	十	万	千	百	十	元	角	分
				¥	5	8	5	0	0	0	0	0

此联出票行结清多余款后交申请人

申请人:______　　账号或住址:______

出票人:______ 行号:______

备注:______

出票行盖章:

中国工商银行长安里支行 ××××年12月6日 转讫

密押									
多余金额									
千	百	十	万	千	百	十	元	角	分
		¥	1	5	0	0	0	0	0

年　月　日

左列退回已收入你账户内

财务主管:　复核:　经办:

表 11—1

中华人民共和国

地方税务总局

税收通用缴款书

地

隶属关系:区　　(20066)浙地缴电 60493952 号

注册类型:有限责任公司　填发日期:××××年 12 月 6 日　征收机关:金华市征收局

缴款单位(个人)	代码	05136368	预算科目	编码	1020101(20066)	
	全称	金华市五湖机械有限公司		名次	其他印花税	
	开户银行	工行长安里支行		级次	市级 100%	
	账号	81451058675081002	收缴国库		金华市国库	
税款所属日期 ××××年 11 月 01 日至××××年 11 月 30 日			税款限缴日期 ××××年 12 月 10 日			
品目名称	课税数量	计税金额或销售收入	税率或单位税额	应缴税额	已缴或扣除额	实缴金额
印花税				0.00		2 000.00
滞纳金及罚款						200.00
金额合计(大写):人民币贰仟贰佰元整						¥2 200.00
缴款单位(个人)(盖章) 经办人(章)	填票人 周华利 长安里—07	上列款项已收妥并划转收款单位账户 国库(银行)盖章 年 月 日		备注		

无银行收讫章无效

第一联(收据)国库(经收处)收款盖章后退缴款单位(个人)作完税凭证

中国工商银行长安里支行 ××××年12月6日 转

金华市地方税务局 (1) 征税专用章

表 12—1

地

中华人民共和国
税收通用缴款书

(20066)浙地缴电 60493921 号

注册类型:有限责任公司 填发日期:××××年 12 月 6 日 征收机关:金华市征收局

无银行收讫章无效

缴款单位(个人)	代码	05136368	预算科目	编码	1020101(20066)	
	全称	金华市五湖机械有限公司		名次	社保	
	开户银行	工行长安里支行		级次	市级 100%	
	账号	81451058675081002	收缴国库		金华市国库	
税款所属日期 ××××年 11 月 01 日至××××年 11 月 30 日				税款限缴日期 ××××年 12 月 10 日		
品目名称	课税数量	计税金额或销售收入	税率或单位税额	应缴税额	已缴或扣除额	实缴金额
社会保险费				85 285.00		85 285.00
金额合计(大写):捌万伍仟贰佰捌拾伍元整						¥85 285.00
缴款单位(个人)(盖章) 经办人(章)	填票人 周华利 长安里—07	转讫 上列款项已收妥并划转收款单位账户 国库(银行)盖章 年 月 日			备注 正常一般 社保批量转申报 社保号:0277301	

收款盖章后退缴款单位(个人)作完税凭证

第一联(收据)国库(经收处)

表 12—2

国

中华人民共和国
税收通用缴款书

纳税人编码:420100000000028693 (20061)浙国缴 10411934 号

注册类型:有限责任公司 填发日期:××××年 12 月 6 日 征收机关:婺城区征收局

无银行收讫章无效

缴款单位(个人)	代码	6785012	预算科目	编码	48600	
	全称	金华市五湖机械有限公司		名次	其他个人所得税	
	开户银行	工行长安里支行		级次	中央 60% 市级 40%	
	账号	81451058675081002	收缴国库		婺城支库	
税款所属日期 ××××年 11 月 01 日至××××年 11 月 30 日				税款限缴日期 ××××年 12 月 10 日		
品目名称	课税数量	计税金额或销售收入	税率或单位税额	应缴税额	已缴或扣除额	实缴金额
工资薪金所得税						5 760.00
金额合计(大写):伍仟柒佰陆拾元整						¥5 760.00
缴款单位(个人)(盖章) 经办人(章)	税务机关 (盖章) 填票人:	上列款项已收妥并划转收款单位账户 转讫 国库(银行)盖章 年 月 日			备注 一般申报正常缴款 金华市婺城区国家税务局 计划征收科度 X10411959 120006000001115069	

收款盖章后退缴款单位(个人)作完税凭证

第一联(收据)国库(经收处)

表 13－1

中国工商银行　金华市分行　支票

支票号码:0025866

出票日期(大写)　××××年壹拾贰月零捌日　付款人名称:工行奉贤支行

收款人:金华市五湖机械有限公司　出票人账号:041-35641328

人民币(大写)		千	百	十	万	千	百	十	元	角	分
	贰万捌仟零捌拾元整			¥	2	8	0	8	0	0	0

用途:货款

上列款项请从

我账户内支付　　奉贤农业机械厂 财务专用章

出票人签章

复核

记账

验印

编者注:货款在××××年已作为应收账款坏账损失转销,此次重新收回。

表 13－2

中国工商银行金华市(　)　进账单(收账通知)　1

××××年 12 月 8 日　第　号

出票人	全称	奉贤农业机械厂	持票人	全称	金华市五湖机械有限公司
	账号	041-35641328		账号	81451058675081002
	开户银行	工行奉贤支行		开户行	工商银行长安里支行

人民币(大写)		千	百	十	万	千	百	十	元	角	分
	贰万捌仟零捌拾元整			¥	2	8	0	8	0	0	0

票据种类	银行支票
票据张数	1

中国工商银行长安里支行 ××××年12月8日 转讫

单位主管:　会计:　复核:　记账:

持票人开户银行签章

此联持票人开户银行交给持票人的收账通知

表 14—1

工会经费收入专用收据

国财 01601　　　　　　××××年 12 月 8 日　　　　　　NO 02036822

缴款单位(个人)：

项　目	内　容	万	千	百	十	元	角	分
公司拨缴工会经费			9	6	8	4	8	0
金额(大写)玖仟陆佰捌拾肆元捌角整		¥9 684.80						
备注：								

② 收据

收款单位盖章：　　　　复核人：　　　　收款人：周芸

表 14—2

行政拨交工会经费缴款书(回单)

缴款日期：××××年 12 月 8 日

缴款单位	全　称	金华市五湖机械有限公司	职工人数	
	账　号	81451058675081002	上月工资总额	284 240.00
	开户银行	工行长安里支行	拨交工会经费月份	××××年 12 月

金额			万	千	百	十	元	角	分
	应　缴 工会经费	(大写)玖仟陆佰捌拾肆元捌角整	¥	9	6	8	4	8	0
	扣交滞纳金	自　年　月　日至　月　日共　天							
	合　计	(大写)玖仟陆佰捌拾肆元捌角整	¥	9	6	8	4	8	0

按右列比例调整	银行　　工会户									支行　　总工会户								
	比例	账　号	万	千	百	十	元	角	分	比例	账　号	万	千	百	十	元	角	分
	60%									40%								

备注：1. 应在每月 15 日前拨交上月的工会经费。
2. “扣交滞纳金”栏，由(市)县总工会计算填列，并加章后，配款单位开户银行办理。

中国工商银行长安里支行　××××年12月8日　转讫

(付款单位开户银行盖章)

表 15－1

浙江省增值税普通发票

全国统一发票监制章 浙江省 国家税务局监制

142010623501

购方单位：金华市五湖机械有限公司　××××年 12 月 9 日　发票号码：02036845

品名及规格	货物或劳务名称	单位	数量	单价	金额						
					万	千	百	十	元	角	分
档案盒		个	50	6.00			3	0	0	0	0
装订机		个	2	210.00			4	2	0	0	0
信笺		本	100	2.80			2	8	0	0	0
金额(大写) 壹仟元整					¥1 000.00						
备注：											

②付款方报销凭证

金华红剑文化用品公司 发票专用章

开票单位盖章：　复核人：　收款人：　开票人：周　芸

表 15－2

支 出 证 明 单

××××年 12 月 9 日　附件共 1 张

支出科目	摘　要	金　额							缺乏正式单据的原因
购办公用品	购装订机等	万	千	百	十	元	角	分	
			1	0	0	0	0	0	
合计人民币(大写)：壹仟元整									¥1 000

现金付讫

核准：王政　复核：孙立　证明人：张利　经手：张飞明

表 16－1

委托收款　凭证(付款通知)　5

第　页

委托日期　××××年 12 月 9 日　委托号码 420123

委邮　付款日期　年　月　日

付款人	全称	金华市五湖机械有限公司	收款人	全称	江苏长通运输有限公司												
	账号或地址	81451058675081002		账号	45871369514												
	开户银行	工行长安里支行		开户银行	工商建设路支行	行号											
委托收款	人民币(大写)	壹仟壹佰壹拾元整						千	百	十	万	千	百	十	元	角	分
											¥	1	1	1	0	0	0
款项内容	运费	委托收款票据名称		附寄单证张数													

备注：

付款人注意

1. 应于检票当日通知开户银行划款。

2. 如需拒付，应在规定期限内，将拒付理由书并附债务证明退交开户银行。

（印章：中国工商银行长安里支行　××××年12月9日　转讫）

单位主管：　会计：　复核：　记账：　付款人开户银行盖章：　年　月　日

此联收款人开户银行给付款人按期付款的通知

表 17－1

浙江省增值税专用发票

（印章：全国统一发票监制章　浙江省　国家税务总局监制）

发票联

№ 04838859

开票日期：××××年 12 月 9 日

购货单位	名　称：金华市五湖机械有限公司 纳税人识别号：110199514160154 地 址 、电 话：金华市长安里 888 号 开户行及账号：工行长安里支行 81451058675081002	密码区	245687478/>＋<1248<－< 加密版本：01 ＊＋－－457－</148<－22－45 8641516972 ＊－4－78>879458136845<7＋0 14785412 9/92/279>>－>98>><1 478131

货物或应税劳务名称	规格型号	单位	数量	单价	金额	税率	税额
木箱					5 200.00	17%	884.00
合计					¥5 200.00	17%	¥884.00
价税合计(大写)	陆仟零捌拾肆元整				(小写)¥6 084.00		

销货单位	名　称：金华云民木箱厂 纳税人识别号：420563426735637 地 址 、电 话：金华市密云路 3 号 开户行及账号：工商银行五里支行 42045276341	备注	（印章：金华云民木箱厂　发票专用章）

收款人：　复核：　开票人：陈君　销货单位：

第二联　发票联　购货方记账凭证

表 17—2

浙江省增值税专用发票

全国统一发票监制章 浙江省 国家税务总局监制

抵扣联

№ 04838859

开票日期：××××年 12 月 9 日

购货单位	名　　称：金华市五湖机械有限公司 纳税人识别号：110199514160154 地 址 、电 话：金华市长安里 888 号 开户行及账号：工行长安里支行 81451058675081002	密码区	245687478/＞＋＜1248＜－＜ 加密版本：01 ＊＋－－457－＜/148＜－22－45 8641516972 ＊－4－78＞879458136845＜7＋0 14785412 9/92/279＞＞－＞98＞＞＜1 478131

货物或应税劳务名称	规格型号	单位	数 量	单 价	金　额	税 率	税　额
木　箱					5 200.00	17%	884.00
合　计					¥5 200.00	17%	¥884.00
价税合计（大写）	陆仟零捌拾肆元整				（小写）¥6 084.00		

销货单位	名　　称：金华云民木箱厂 纳税人识别号：420563426735637 地 址 、电 话：金华市密云路 3 号 开户行及账号：工商银行五里支行 42045276341	备注	金华云民木箱厂 发票专用章

收款人：　　　　复核：　　　　开票人：陈君

第一联　抵扣联　购货方抵扣凭证

表 17—3

入　库　单

收料部门：仓库　　　　××××年 12 月 9 日　　　　收字第　号

种类	编号	名称	规格	数量	单位	单价	成本总额									
							千	百	十	万	千	百	十	元	角	分
周转材料		木箱		100	个	52.00					5	2	0	0	0	0
备注										¥	5	2	0	0	0	0

负责人：孙立　　　　记账：李涛　　　　验收：张华　　　　填单：刘为

第三联　财务记账

表 17—4

中国工商银行
转账支票存根

支票号码：XⅡ 415134

科　　目：

对方科目：

签发日期：××××年 12 月 9 日

收款人：金华云民木箱厂
金　额：￥6 084.00
用　途：支付购料款
备　注：

单位主管：　　　　　　会计：

表 18—1

浙江省增值税专用发票

此联不作报销凭证使用　　　　№ 001785988

开票日期：××××年 12 月 11 日

购货单位	名　　　称：武汉海宏有限责任公司 纳税人识别号：42015763245136 地 址 、电 话：武汉市中华路 302 号 87674588 开户行及账号：工行中华路支行 42064569612	密码区	458687478/＞＋＜1248＜－＜ 加密版本：01 ＊＋－－457－＜/148＜－22－45 4589216972 ＊－3－65＞879458136845＜7＋0 2455412 8/56/145＞＞－＞98＞＞＜1 478131

货物或应税劳务名称	规格型号	单位	数量	单价	金额	税率	税额
乙产品			50	11 000.00	550 000.00	17%	93 500.00
合　计					￥550 000.00	17%	￥93 500.00
价税合计（大写）	陆拾肆万叁仟伍佰元整				（小写）￥643 500.00		

销货单位	名　　　称：金华市五湖机械有限公司 纳税人识别号：110199514160154 地 址 、电 话：金华市长安里 888 号 开户行及账号：工行长安里支行 81451058675081002	备注	

第三联　记账联　销货方记账凭证

收款人：　　　　复核：　　　　开票人：周云丽　　　　销货单位：

表 18—2

出　库　单

发货仓库：仓库　　　　　　　　　　　　　　　　　　第　　号

提货单位：武汉海宏有限责任公司　　　　××××年 12 月 11 日

类别	编号	名称型号	单位	应发数量	实发数量	单位成本	金额
产品		乙产品	台	50	50		
合　计							

第三联　财务记账

负责人：　　　　　经发：　　　　　保管：黄改云　　　　　填单：李三

表 19—1

金华证券中央登记结算公司
金华证券营业部

成交过户交割凭证

××××年 12 月 11 日　　　　　　　　　　买入

股东编号：12345678	成交证券：02 国债(10)		
股东姓名：金华市五湖机械有限公司	成交数量：	50
公司代号：12345	平均价格：	1 070.00
申请编码号：182707723	成交金额：	¥53 500.00
申请时间：×××××××××	标准佣金：	50.00
成交时间：×××××××××	过户费用：	0.00
本次成交：50(手)	应付金额：	¥53 500.00
本次余额：50(手)	附加费用：	0.00
本次库存：50(手)	实际金额：	¥53 550.00
经办单位：金华证券	客户签章：金华市五湖机械有限公司	

金华证券营业所　发票专用章

编者注：准备随时出售。

表 20—1

产品开发委托书

兹委托金华产品研究所进行文案、实验、制作样品等相关工作，不拥有产品知识产权并有义务保证委托人完全拥有知识产权。产品研发成功投产后，将获得贰拾万元的佣金，并可以在知识产权不受损失的情况下发表论文。期间产生的材料费实报实销，并保证不泄露任何与知识产权相关和与商业相关的秘密。以上知识产权自投产后五年止，如造成损失，按损失额 10 倍承担赔偿及相关法律责任。

委托人：金华市五湖机械有限公司
被委托人：金华产品研究所
××××年 12 月 11 日

表 20—2

金华市科技专用统一发票

03—10029586

发票联

客户：金华市五湖机械有限公司　　××××年 12 月 11 日

项目名称	数量	千	百	十	万	千	百	十	元	角	分
新产品试制费					7	3	2	2	3	2	0
合计 人民币（大写）	柒万叁仟贰佰贰拾叁元贰角整			¥	7	3	2	2	3	2	0

（表头“成本总额”覆盖千至分各栏）

第三联 财务记账

单位（盖章有效）　　财务　　开单　　营业执照号
税务登记号
地址　　银行账号

表 20—3

中 国 工 商 银 行
转 账 支 票 存 根

支票号码：XⅡ 415135
科　　目：
对方科目：
签发日期：××××年 12 月 11 日

收款人：金华产品研究所
金　额：¥73 223.20
用　途：支付新产品试制费
备　注：

单位主管：　　　　会计：

表 21－1

中国工商银行
现金支票存根

支票号码：XⅡ 3576802

科　　目：

对方科目：

签发日期：××××年 12 月 12 日

收款人：金华市五湖机械有限公司
金　额：￥3 000.00
用　途：备用金
备　注：

单位主管：　　　　会计：

表 22－1

浙江省增值税专用发票

此联不作报销凭证使用　　№ 001785960

开票日期：××××年 12 月 13 日

<table>
<tr><td>购货单位</td><td colspan="3">名　　称：武汉九头鸟公司
纳税人识别号：32010578624167
地 址 、电 话：武汉市江大路 2 号 84667188
开户行及账号：建行江大支行 3205637123</td><td>密码区</td><td colspan="4">458687478/＞＋＜1248＜－＜ 加密版本：01
*＋－－457－＜/148＜－22－45 4589216972
*－3－65＞879458136845＜7＋0 2455412
8/56/145＞＞－＞98＞＞＜1 478131</td></tr>
<tr><td>货物或应税劳务名称</td><td>规格型号</td><td>单位</td><td>数 量</td><td>单 价</td><td>金　额</td><td>税 率</td><td>税　额</td><td></td></tr>
<tr><td>乙产品</td><td></td><td>台</td><td>10</td><td>10 000.00</td><td>100 000.00</td><td>17%</td><td>17 000.00</td><td></td></tr>
<tr><td>合计</td><td></td><td></td><td></td><td></td><td>100 000.00</td><td>17%</td><td>17 000.00</td><td></td></tr>
<tr><td>价税合计(大写)</td><td colspan="8">壹拾壹万柒仟元整　　(小写)￥117 000.00</td></tr>
<tr><td>销货单位</td><td colspan="3">名　　称：金华市五湖机械有限公司
纳税人识别号：110199514160154
地 址 、电 话：金华市长安里 888 号
开户行及账号：工行长安里支行 81451058675081002</td><td>备注</td><td colspan="4"></td></tr>
</table>

第三联　记账联　销货方记账凭证

收款人：　　复核：　　开票人：周云丽　　销货单位：

表 22—2

出　库　单

发货仓库：仓库　　　　　　　　　　　　　　　　第　　号

提货单位：武汉九头鸟公司　　　　　　　　　　××××年 12 月 13 日

类别	编号	名称型号	单位	应发数量	实发数量	单位成本	金额
产品		乙产品	台	10	10		
合　计							

第三联　财务记账

负责人：　　　　经发：　　　　保管：黄改云　　　　填单：李三

表 22—3

商业承兑汇票　（卡片）　2

汇票号码

开票日期(大写)：××××年壹拾贰月壹拾叁日　　　　第 XI025 号

付款人	全称	武汉九头鸟公司			收款人	全称	金华市五湖机械有限公司		
	账号	3205637123				账号	81451058675081002		
	开户银行	建行江大支行	行号	34256		开户银行	工行长安里支行	行号	67238

出票金额	人民币(大写)	千	百	十	万	千	百	十	元	角	分
	壹拾壹万柒仟元整		¥	1	1	7	0	0	0	0	0

汇票日期		交易合同号码	

本汇票已经承兑，到期无条件支付票款。

武汉九头鸟公司 ★ 发票专用章

承兑人签章

承兑日期　××××年 12 月 13 日

本汇票请予以承兑于到期日付款。

武汉九头鸟公司 ★ 发票专用章

出票签章

此联持票人开户行随委托收款凭证寄付款

开户行作借方凭证附件

单位主管：　　会计：　　复核：　　记账：　　付款人开户银行盖章：　　年　月　日

表 23—1

设备报废申请单

××××年 12 月 15 日

固定资产编号及名称	型号、规格技术特征	单位	数量	原值	预计残值	已提折旧	净值	报废原因
××设备	X-63	台	1	25 000	1 500	23 000	2 000	不能继续使用

主管组室：　　主管审批：林冰　　使用部门：加工车间　　制单：李好

表 23—2

浙江省服务业统一发票

全国统一发票监制章
发票联
浙江省
国家税务总局监制

发票代码：24201067189
发票号码：01192501
发票日期：××××年 12 月 15 日

付款单位(个人)：金华市五湖机械有限公司

经营项目	单位	数量	单价	金额 十	万	千	百	十	元	角	分
清理费						1	2	0	0	0	0
人民币合计 壹仟贰佰元					¥	1	2	0	0	0	0

第二联 发票联

企业(盖有效章)　金华综合服务有限公司 发票专用章

地　址　　财务　　开票：何书可

表 23—3

中国工商银行
转账支票存根

支票号码:XⅡ 415136
科　　目:
对方科目:
签发日期:××××年 12 月 15 日

收款人:金华综合服务有限公司
金　额:¥1 200.00
用　途:支付清理费
备　注:

单位主管:　　　　　会计:

表 24—1

浙江省服务业统一发票
发票联

全国统一发票监制章　浙江省　国家税务总局监制

发票代码:24201067149
发票号码:01192501
付款单位(个人):金华市五湖机械有限公司　　发票日期:××××年 12 月 15 日

经营项目	单位	数量	单价	金额							
				十	万	千	百	十	元	角	分
刻　章								6	5	0	0
人民币合计 陆拾伍元整							¥	6	5	0	0

第二联　发票联

金华综合服务有限公司　发票专用章

企业(盖有效章)
地　址　　　　　　财务　　　　　　开票:马书以

表 24—2

金华市五湖机械有限公司

零用现金报销单

申请部门:财务部　　　　××××年 12 月 15 日　　　　附件 1 张

付款内容	金额
刻 章	65.00
	现金付讫
合计人民币(大写) 陆拾伍元整	¥65.00

财务主管　　审批　　申请人:吴江　　出纳:刘浩　　审核:孙立

表 25—1

中华人民共和国

税收通用缴款书

地

地方税务总局 税收票证监制章

(20086)浙地缴电 60493955 号

注册类型:有限责任公司　　填发日期:××××年 12 月 15 日　　征收机关:金华市征收局

缴款单位(个人)	代码	05136368	预算科目	编码	1020101(20066)
	全称	金华市五湖机械有限公司		名次	社保
	开户银行	工行长安里支行		级次	市级 40% 区级 60%
	账号	81451058675081002	收缴国库		金华市国库

税款所属日期 ××××年 11 月 01 日至××××年 11 月 30 日　税款限缴日期 ××××年 12 月 15 日

品目名称	课税数量	计税金额或销售收入	税率或单位税额	应缴税额	已缴或扣除额	实缴金额
城市维护建设税		200 650.00	7%	14 045.50	0	14 045.50
教育费附加		200 650.00	3%	6 019.50	0	6 019.50
金额合计(大写)贰万零陆拾伍元整						¥20 065.00

缴款单位(个人)(盖章) 经办人(章)	金华市地方税务局 (1) 征税专用章	上列款项已收妥并划转收款单位账户 国库(银行)盖章 年 月 日	备注 正常一般

中国工商银行长安里支行 ××××年12月15日 转讫

无银行收讫章无效

收款盖章后退缴款单位(个人)作完税凭证

第一联(收据)国库(经收处)

表 25－2

(国)

中华人民共和国
税收通用缴款书

（国家税务总局 税收 票证监制章）

纳税人编码：420100000000028693　　　　(20086)浙国缴 10411779 号

注册类型：有限责任公司　　填发日期：××××年 12 月 15 日　　征收机关：金华市征收局

无银行收讫章无效

缴款单位（个人） 代码	6785012		预算科目 编码	48600	
全称	金华市五湖机械有限公司		名次	增值税	
开户银行	工行长安里支行		级次	中央 75%　市级 25%	
账号	81451058675081002		收缴国库	婺城支库	
税款所属日期	××××年 11 月 01 日至××××年 11 月 30 日		税款限缴日期	××××年 12 月 10 日	
品目名称	课税数量	计税金额或销售收入	税率或单位税额	已缴或扣除额	实缴金额
增值税		2 385 000.00	17%	200 210.00	200 650.00
金额合计（大写）：贰拾万零陆佰伍拾元整					¥200 650.00
缴款单位（个人）（盖章） 经办人（章）	税务机关（盖章） 填票人：	上列款项已收妥并划转收款单位账户 国库（银行）盖章　年　月　日		备注　一般申报正常缴款 金华市婺城区国家税务局计划征收科度 X10411959 120006000001115069	

（金华市婺城区国家税务局 3号 发票专用章）（中国工商银行长安里支行 ××××年12月15日 讫）

收款盖章后退缴款单位（个人）作完税凭证

第一联（收据）国库（经收处）

表 26－1

出　库　单

发货仓库：仓库　　　　　　　　　　　　　　第　　号

提货单位：江苏泰和有限责任公司　　　××××年 12 月 16 日

类别	编号	名称型号	单位	应发数量	实发数量	单位成本	金额
产品		甲产品	台	80	80		
合　计							

第三联　财务记账

负责人：　　　经发：　　　保管：黄改云　　　填单：李三

表 26－2

浙江省增值税专用发票

此联不作报销凭证使用　　No 001785962

开票日期：××××年 12 月 16 日

购货单位	名　　称：江苏泰和有限责任公司 纳税人识别号：32010578624167 地 址 、电 话：武汉市江大路 2 号 84667188 开户行及账号：建行江大支行 3205637123	密码区	458687478/＞＋＜1248＜－＜ 加密版本：01 ＊＋－－457－＜/148＜－22－45 4589216972 ＊－3－65＞879458136845＜7＋0 2455412 8/56/145＞＞－＞98＞＞＜1 478131

货物或应税劳务名称	规格型号	单位	数 量	单 价	金　额	税 率	税　额
甲产品		台	80	7 500.00	600 000.00	17%	102 000.00
合计					￥600 000.00	17%	￥102 000.00
价税合计（大写）	柒拾万零贰仟元整				(小写)￥702 000.00		

销货单位	名　　称：金华市五湖机械有限公司 纳税人识别号：110199514160154 地 址 、电 话：金华市长安里 888 号 开户行及账号：工行长安里支行 81451058675081002	备注	

收款人：　　复核：　　开票人：周云丽　　销货单位：（章）

第三联　记账联　销货方记账凭证

表 26－3

付款期限
壹 个 月

中国工商银行　　汇票号码　第　号

银行汇票　　2

出票日期（大写）：××××年壹拾贰月壹拾陆日　　代理付款行：建行青年路支行 行号：21035021568

收款人：金华市五湖机械有限公司											
出票金额 人民币（大写）	柒拾万零贰仟元整										
实际结算金额 人民币（大写）	柒拾万零贰仟元整	千	百	十	万	千	百	十	元	角	分
			￥	7	0	2	0	0	0	0	0

申请人：江苏泰和有限责任公司　　账号或住址：3205637123

出票人：建行青年路支行　行号：

备注：

凭票付款

建行江大支行　××××年12月16日　转讫

出票人签章

密 押										科目（借）
多余金额										对方科目（贷）
千	百	十	万	千	百	十	元	角	分	兑付日期　年　月　日
										复核　记账

此联代理付款后作联行记账借方凭证附件

表 26－4

付款期限
壹 个 月

中国工商银行

银行汇票（解讫通知）

汇票号码
第　　号

出票日期(大写)：××××年壹拾贰月壹拾陆日　　代理付款行：建行青年路支行 行号：21035021568

收款人：金华市五湖机械有限公司											
出票金额 人民币（大写） 柒拾万零贰仟元整											
实际结算金额 人民币（大写） 柒拾万零贰仟元整	千	百	十	万	千	百	十	元	角	分
		¥	7	0	2	0	0	0	0	0

此联代理付款行兑付后随报单寄出票行　由出票行作多余额贷方凭证

申请人：江苏泰和有限责任公司　　账号或住址：3205637123

出票人：建行青年路支行　行号：

备注：

代理付款行盖章

（印章：建行江大支行　××××年12月16日　转讫）

密押										科目(借)
多余金额										对方科目(贷)
千	百	十	万	千	百	十	元	角	分	兑付日期　年　月　日
										复核　记账

复核：　　经办：

表 26－5

中国工商银行　进账单(回单)　1

××××年 12 月 16 日　　第　　号

签发人	全称	江苏泰和有限责任公司	收款人	全称	金华市五湖机械有限公司
	账号	3205637123		账号	81451058675081002
	开户银行	建行青年路支行		开户行	工商银行长安里支行

人民币（大写）	千	百	十	万	千	百	十	元	角	分
柒拾万零贰仟元整		¥	7	0	2	0	0	0	0	0

票据种类	银行汇票	票据张数	1 张
票据号码			

（印章：中国工商银行长安里支行　××××年12月16日　转讫）

开户银行签章

单位主管：　　会计：　　复核：　　记账：

此联出票人开户银行交给出票人的回单

表 27－1

固定资产处置申请单

固定资产编号：089　　××××年 12 月 16 日　　固定资产卡账号：45

固定资产名称	规格型号	单位	数量	预计使用年限	原值	已提折旧	备注
海尔空调	KFRD－50LW	台	1	10	4 000.00	2 500.00	出售
使用部门：行政办公室							
固定资产状况及处置原因	闲置未用						
处理意见	使用部门	技术鉴定小组		固定资产管理部门		主管部门审批	
	申请出售	同意		同意出售		同意出售王政	

表 28－1

浙江省增值税普通发票

记 账 联　　142010623101

购方单位：金华静安有限公司　　××××年 12 月 16 日　　发票号码 02036895

品名及规格	货物或劳务名称	单位	数量	单价	金额						
					万	千	百	十	元	角	分
原材料	C 材料	吨	1	4 000		4	0	0	0	0	0
金额（大写）　肆仟元整					￥4 000.00						
备注：											

现金付讫

③开票方记账原始凭证

开票单位盖章：　　复核人：　　收款人：张利芳　　开票人：张利芳

表 28－2

出　库　单

发货仓库：仓库　　　　　　　　　　　　　　　　　　　　第　　号

提货单位：金华静安有限公司　　　　××××年 12 月 16 日

类别	编号	名称型号	单位	应发数量	实发数量	单位成本	金额
原材料		C 材料	吨	1	1		
合　计							

第三联　财务记账

负责人：　　　　经发：　　　　保管：黄改云　　　　填单：刘胜

表 29－1

财产清查报告单

××××年 12 月 16 日　　　　金额单位：元

编号	财产名称规格	单位	单价	账面数量	实物数量	盘盈		盘亏		盘亏原因
						数量	金额	数量	金额	
	A 原材料	吨						7.5	32 812.5	被盗
	C 原材料	吨						0.5	1 571.43	被盗
	D 原材料	吨						0.5	833.34	被盗
备注：批准核销（保管员赔偿 400 元）										

第二联　财务联

主管：汤思飞　　　　复核：邓进　　　　制表：黄改云

表 30－1

交割凭单

卖　××××年 12 月 16 日	成交过户交割凭单
公司代码:12345 股东账号:12345678 资金账号:666 股东名称:金华市五湖机械有限公司	证券名称:紫光股份 成交数量:6 000 成交价格:61 580.00 成交金额:￥61 580.00
申请编号:763 申请时间: 资金前余额: 资金余额: 证券前余额: 本次余额:	标准佣金:49.26 过户费:1 印花税:61.58 附加费用:5.0 其他费用:12.36 实际收付金额:￥61 450.8
备注:股票买卖	

金华证券红庙营业所 业务专用章

表 31－1

公司董事会决议

公司于××××年 12 月 13 日召开董事会议,公司高层管理人员列席了会议。经与会董事审议,批准了公司关于向中国工商银行金华长安里支行申请流动资金借款的议案。决定向长安里支行申请借款 20 万元人民币,用于公司的生产经营,期限为 9 个月。

金华市五湖机械有限公司董事会

××××年十二月十三日

金华市五湖机械有限公司 3302060590900

表 31－2

贷款凭证(收账通知)

××××年 12 月 16 日

贷款单位	金华市五湖机械有限公司	种类	短期	贷款记账号	工行长安里支行 81451058675081002									
金额 人民币(大写)	贰拾万元整				千	百	十	万	千	百	十	元	角	分
						¥	2	0	0	0	0	0	0	0
用途	流动资金周转借款	单位申请期限 银行核定期限												
上述贷款已核准发放，并已划入你单位账号 月利率：7‰					单位会计分录 收入 付出 复核　　记账 主管　　会计									

中国工商银行长安里支行
××××年12月16日
转
讫

表 32－1

入　库　单

收料部门：仓库　　　　××××年 12 月 16 日　　　　收字第　号

种类	编号	名称	规格	数量	单位	单价	成本总额									
							千	百	十	万	千	百	十	元	角	分
材料		A 原材料	ZD0001	115	吨	4 347.83			5	0	0	0	0	0	0	0
材料		B 原材料	YD0001	40	吨	3 750.00			1	5	0	0	0	0	0	0
备注								¥	6	5	0	0	0	0	0	0

第三联　财务记账

负责人：孙立　　　　记账：李涛　　　　验收：张华　　　　填单：刘为

表 33—1

浙江省废旧物资收购统一发票

发票联

发票代码:001785962123

发票号码:00178578

××××年 12 月 16 日

出售单位(人)	金华市五湖机械有限公司		地 址	金华市长安里 888 号							
品名及规格	等级	单位	数量	单价	金额						
					万	千	百	十	元	角	分
废钢铁		千克	1 000	1		1	0	0	0	0	0
金额(大写) 壹仟元整					¥1 000.00						

②发票联

收购单位(章)　　收款人:　　开票人:柯古富　　付款人:

表 33—2

中国工商银行金华市(　) 进账单(收账通知) 1

××××年 12 月 16 日　　第　号

出票人		持票人	
全称	金华市废品回收公司	全称	金华市五湖机械有限公司
账号	244-05206562	账号	81451058675081002
开户银行	工行莘庄支行	开户行	工商银行长安里支行

人民币(大写)	壹仟元整	千	百	十	万	千	百	十	元	角	分
					¥	1	0	0	0	0	0

票据种类	银行支票
票据张数	1 张

中国工商银行长安里支行
××××年12月16日
转讫

单位主管:　会计:　复核:　记账:　　持票人开户银行签章

此联持票人开户银行交给持票人的收账通知

编者注:报废设备清理工作完成,结转设备报废净损益。

表 34—1

中国工商银行
现金支票存根

支票号码:XⅡ 3576803

科　　目:________________

对方科目:________________

签发日期:××××年 12 月 17 日

收款人:金华市五湖机械有限公司
金　额:¥8 000.00
用　途:备用金
备　注:

单位主管:　　　　　　会计:

表 35—1

中国工商银行　转账支票(浙)

金华　NO 0006570

出票日期(大写)　××××年壹拾贰月壹拾陆日　　付款行名称:交行南海支行

收款人:金华市五湖机械有限公司　　出票人账号:3205637123

人民币(大写)	壹拾伍万元整	亿	千	百	十	万	千	百	十	元	角	分
				¥	1	5	0	0	0	0	0	0

本支票付款期限十天

用途　货款

上列款项请从

我账户内支付

出票人签章

金华华大公司 财务专用章

丽周印云

科目(借)________________

对方科目(贷)____________

转账日期　　年　　月　　日

复核　　记账

表 35－2

背书凭证

背书人	被背书人　　金华飞龙集团
金华市五湖机械有限公司财务专用章　王平 背书人签章 ××××年 12 月 17 日	被背书人签章 年　月　日

表 36－1

中国工商银行　银行汇票申请书　（存根）　1

申请日期　××××年 12 月 17 日　　第　号

申请人	金华市五湖机械有限公司		收款人	江苏江华集团									
账号或住址	20050410		账号或住址	81451058675081002									
用途	预付购货款		代理付款行	工行长安里支行									
汇票金额	人民币（大写）	壹拾陆万柒仟元整		千	百	十	万	千	百	十	元	角	分
					¥	1	6	7	0	0	0	0	0

此联申请人保留

上列款项请从我账户内支付

金华市五湖机械有限公司财务专用章

申请人盖章

科　目(借)：

对方科目(贷)：

转账日期：　年　月　日

复核：　记账：

表 36－2　　中国工商银行金华长安里支行邮、电手续费收费凭证(借方凭证)

××××年 12 月 17 日

<table>
<tr><td colspan="10">缴款人名称:金华市五湖机械有限公司</td><td colspan="12">信(电)汇　笔　汇票 1 笔　其他　笔</td></tr>
<tr><td colspan="10">账号:81451058675081002</td><td colspan="12">异托、委托　笔　支票　笔(本)　专用托收　笔</td></tr>
<tr><td colspan="5">邮费金额</td><td colspan="5">电报费金额</td><td colspan="5">手续费金额</td><td colspan="6">合计金额</td><td rowspan="4">中国工商银行长安里支行
××××年12月17日
转讫
复核:　记账:
复票:　制票:</td></tr>
<tr><td>百</td><td>十</td><td>元</td><td>角</td><td>分</td><td>百</td><td>十</td><td>元</td><td>角</td><td>分</td><td>百</td><td>十</td><td>元</td><td>角</td><td>分</td><td>千</td><td>百</td><td>十</td><td>元</td><td>角</td><td>分</td></tr>
<tr><td></td><td></td><td></td><td></td><td></td><td></td><td></td><td></td><td></td><td></td><td></td><td></td><td>5</td><td>8</td><td>5</td><td></td><td></td><td>¥</td><td>5</td><td>8</td><td>5</td></tr>
<tr><td colspan="5">合计金额</td><td colspan="16">人民币(大写)　伍元捌角伍分</td></tr>
</table>

表 37－1

借　款　单

××××年 12 月 17 日

借款部门	采购部	职别	职员	出差人姓名	李　明
借款事由	公务出差西安				
借款金额人民币(大写)		贰仟元整			¥2 000.00
批准人	王　政	部门负责人	刘一明	财务负责人	孙　立

收款人:李明

表 38－1

出　库　单

发货仓库:仓库　　　　第　　号

领料部门:基本生产车间　　　　××××年 12 月 17 日

类别	编号	名称型号	单位	应发数量	实发数量	单位成本	金额
材料		A 原材料	吨	70	70		
材料		B 原材料	吨	65	65		
材料		C 原材料	吨	65	65		
材料		D 原材料	吨	30	30		
合　计							

第三联　财务记账

负责人:　　经发:徐克　　保管:黄改云　　填单:刘胜

表 39－1

浙江省医疗门诊收费票据

全国统一发票监制章
浙江省
国家税务总局监制

№1099075804

票据代码:31101

病历号:00201653　　　　医疗机构类型:

姓名:马莉	性别:女		医保类型:	
社会保障号码:				
项目/规格	类	数量	金额	自理自费(%)
三七片	甲	20 包	62.4	
…	…	…	…	
…	…	…	…	
…	…	…	…	
…	…	…	…	
…	…	…	…	
…	…	…	…	
伤湿止痛片	乙	200 包	22.00	
* *				
合计(大写):叁仟伍佰元整			¥:3 500.00	

现金支付	¥3 500.00	
个人账户	本年支付 历年支付	本年余额 历年余额
医保账户		

浙江省金华市人民医院
发票专用章

收款单位(章):　　　　收款人(签章):李建　　　　×××× 年 12 月 17 日

第二联　收据联　盖章有效　遗失不补

表 39－2

金华市五湖机械有限公司医药费报销单

××××年 12 月 17 日　　　工号：

职工姓名	马　莉	家属姓名		与职工关系	
病由	略			附件　　张	
医药费金额：￥3 500.00				报销率 100%	
实际报销金额(大写)　叁仟伍佰元整					

领导批示：同意　王平 12.17　　　保健站意见：同意 李健 12.17 报销人：马莉

表 40－1

金华市五湖机械有限公司
零用现金报销单

申请部门：经理办公室　　××××年 12 月 17 日　　附件 1 张

付 款 内 容	金　额
邮寄费	18.50
	现金付讫
合计人民币(大写) 壹拾捌元伍角整	￥18.50

财务主管　　审批　　申请人　　出纳：刘浩　　审核：孙立

表 41—1

浙江省服务业统一发票

发票联

发票代码:24201098771
发票号码:01198567
发票日期:××××年 12 月 17 日

付款单位(个人):金华市五湖机械有限公司

经营项目	单位	数量	单价	金额							
				十	万	千	百	十	元	角	分
酒席	桌	2	1 250.00			2	5	0	0	0	0
人民币合计　贰仟伍佰元整					¥	2	5	0	0	0	0

第二联　发票联

企业(盖有效章)
地　址　　　　财务　　　　开票:胡胜利

表 41—2

中国工商银行
转账支票存根

支票号码:XⅡ 415137
科　　目:
对方科目:
签发日期:××××年 12 月 17 日

收款人:金华新兴酒家
金　额:¥2 500.00
用　途:招待业务人员
备　注:

单位主管:　　　　会计:

表 42—1

金华市五湖机械有限公司工资结算汇总表

××××年 12 月 18 日

编号	部门	基本工资	津贴	奖金	缺勤应扣		应付工资	代扣款项		实发工资
					事假	迟到早退		代扣税款	其他代扣	
1	行政办公室	28 000.00	3 000.00	2 000.00	0.00	0.00	33 000.00	1 450.00		31 550.00
2	人力资源部	15 000.00	1 400.00	700.00	0.00	0.00	17 100.00	640.00		16 460.00
3	财务部	21 000.00	1 900.00	800.00	0.00	0.00	23 700.00	840.00		22 860.00
4	销售机构	20 000.00	1 820.00	1 800.00	0.00	20.00	23 600.00	750.00		22 850.00
5	采购部	6 000.00	420.00	1 300.00	0.00	20.00	7 700.00	430.00		7 270.00
6	车间生产人员	355 700.00	2 800.00	25 000.00	500.00	0.00	383 000.00	1 170.00		381 830.00
7	车间管理人员	9 000.00	700.00	2 200.00	0.00	0.00	11 900.00	480.00		11 420.00
合计		454 700.00	12 040.00	33 800.00	500.00	40.00	500 000.00	5 760.00	0.00	494 240.00

审核:孙立　　部门负责人:孙立　　制表:张晶

表 42—2

中国工商银行
转账支票存根

支票号码:XⅡ 415138

科　　目:

对方科目:

签发日期:××××年 12 月 18 日

收款人:金华市五湖机械有限公司
金　额:¥494 240.00
用　途:支付工资
备　注:

单位主管:　　会计:

表 43－1

入　库　单

收货仓库：仓库　　××××年 12 月 18 日

类别	编号	名称型号	单位	应收数量	实收数量	单位成本	金额
产品		甲产品	台		75		
产品		乙产品	台		35		
合　计							

第三联　财务记账

负责人：　　经发：　　保管：黄改云　　填单：李三

表 44－1

浙江省服务业统一发票

全国统一发票监制章 浙江省 国家税务总局监制

发票联

发票代码：24201063450

发票号码：01192701

付款单位(个人)：金华市五湖机械有限公司　　发票日期：××××年 12 月 18 日

经 营 项 目	单位	数量	单价	金额 十	万	千	百	十	元	角	分
餐饮、娱乐等						8	0	0	0	0	0
金额大写(人民币合计)：捌仟元整					¥	8	0	0	0	0	0

金华乐乐新歌舞厅 发票专用章

第二联　发票联

收款单位(盖发票专用章有效)　　财务：　　开票人：周立兵

表 44－2

中国工商银行
转账支票存根

支票号码：XⅡ 415139
科　　目：
对方科目：
签发日期：××××年 12 月 18 日

收款人：金华乐乐新歌舞厅
金　额：¥8 000.00
用　途：支付业务招待费
备　注：

单位主管：　　　　会计：

表 45－1

江苏省增值税专用发票

全国统一发票监制章 江苏省 国家税务总局监制

发票联

№ 04838852

开票日期：××××年 12 月 18 日

<table>
<tr><td>购货单位</td><td colspan="3">名　　称：金华市五湖机械有限公司
纳税人识别号：110199514160154
地 址 、电 话：金华市长安里 888 号
开户行及账号：工行长安里支行
81451058675081002</td><td>密码区</td><td colspan="4">245687478/>+<1248<－< 加密版本：01
*＋－－457－</148<－22－45 8641516972
*－4－78>879458136845<7+0 14785412
9/92/279>>－>98>><1 478131</td></tr>
<tr><td colspan="2">货物或应税劳务名称</td><td>规格型号</td><td>单位</td><td>数 量</td><td>单 价</td><td>金　额</td><td>税 率</td><td>税　额</td></tr>
<tr><td colspan="2">D 材料</td><td></td><td>吨</td><td>30</td><td>2 520.00</td><td>75 600.00</td><td>17%</td><td>12 852.00</td></tr>
<tr><td colspan="2">合计</td><td></td><td></td><td></td><td></td><td>¥75 600.00</td><td>17%</td><td>¥12 852.00</td></tr>
<tr><td colspan="2">价税合计(大写)</td><td colspan="7">捌万捌仟肆佰伍拾贰元整　　　　（小写）¥88 452.00</td></tr>
<tr><td>销货单位</td><td colspan="3">名　　称：江苏电子机械厂
纳税人识别号：420563426735637
地 址 、电 话：金华市五里路 23 号
开户行及账号：工商银行五里支行
42045276341</td><td>备注</td><td colspan="4">江苏电子机械厂 发票专用章</td></tr>
</table>

第二联 发票联 购货方记账凭证

收款人：　　　复核：　　　开票人：李开　　　销货单位：(章)

表 45－2

江苏省增值税专用发票

全国统一发票监制章 江苏省 国家税务总局监制

抵扣联

№ 04838852

开票日期：××××年 12 月 18 日

购货单位	名　　称：金华市五湖机械有限公司 纳税人识别号：110199514160154 地 址 、电 话：金华市长安里 888 号 开户行及账号：工行长安里支行 81451058675081002	密码区	245687478/>＋<1248<－< 加密版本：01 ∗＋－－457－</148<－22－45 8641516972 ∗－4－78>879458136845<7＋0 14785412 9/92/279>>－>98>><1 478131

货物或应税劳务名称	规格型号	单位	数量	单价	金　额	税率	税　额
D材料		吨	30	2 520.00	75 600.00	17%	12 852.00
合计					￥75 600.00	17%	￥12 852.00
价税合计(大写)	捌万捌仟肆佰伍拾贰元整				(小写)￥88 452.00		

销货单位	名　　称：江苏电子机械厂 纳税人识别号：420563426735637 地 址 、电 话：金华市五里路 23 号 开户行及账号：工商银行五里支行 42045276341	备注	江苏电子机械厂 发票专用章

收款人：　　复核：　　开票人：李开　　销货单位：(章)

第一联　抵扣联　购货方抵扣凭证

表 45－3

入　库　单

收料部门：仓库　　××××年 12 月 18 日　　收字第　号

种类	编号	名称	规格	数量	单位	单价	成本总额									
							千	百	十	万	千	百	十	元	角	分
材料		D材料		30	吨	2 520.00				7	5	6	0	0	0	0
备注									￥	7	5	6	0	0	0	0

负责人：孙立　　记账：李涛　　验收：张华　　填单：刘为

第三联　财务记账

表 46—1

中国工商银行
现金支票存根

支票号码:XⅡ 3576804
科　目:
对方科目:
签发日期:××××年 12 月 18 日

收款人:金华市五湖机械有限公司
金　额:￥1 000.00
用　途:备用金
备　注:

单位主管:　　　　会计:

表 47—1

中国太平洋保险公司保险费发票

全国统一发票监制章 浙江省 国家税务总局监制

××××年 12 月 18 日填制

发票代码:24615801164
发票号码:00061244

交款人	金华市五湖机械有限公司	付款方式	支　票
交款事由	财产保险费	保险单号	48795
金额(大写):壹仟零捌拾元整			
盖章:		中国太平洋保险公司 金华分公司 财务专用章	
会计主管:	记账:	审核:	出纳:　　经办:李丽

表 47—2

中国工商银行
转账支票存根

支票号码:XⅡ 415140

科　　目:

对方科目:

签发日期:××××年 12 月 18 日

收款人:中国太平洋保险公司金华分公司
金　额:¥1 080.00
用　途:财产保险费
备　注:

单位主管:　　　　　　会计:

表 48—1

浙江省行政事业性收费统一发票

全国统一发票监制章 浙江省 国家税务总局监制

收费日期:××××年 12 月 19 日　　　　发票号码:8479556

交费单位或个人	金华市五湖机械有限公司	收费许可证字号						85
收费项目	收费标准	金　额						备　注
		千	百	十	元	角	分	
培训费	800		8	0	0	0	0	
	合　计	¥	8	0	0	0	0	
人民币合计（大写）	捌佰元整							

第二联　发票联

金华市职工培训中心 发票专用章

收费单位(公章)　　　　负责人:　　　　　　开票人:周文

表 48－2

支　出　证　明　单

××××年 12 月 19 日　　附件共 1 张

支出科目	摘　要	金　额							缺乏正式单据的原因
		万	千	百	十	元	角	分	
培训费	支付培训费			8	0	0	0	0	
				现金付讫					
合计(大写):捌佰元整									￥800.00

核准:王政　　复核:孙立　　证明人:张利　　经手:刘飞明

表 49－1

金华市五湖机械有限公司
关于同意转销无法支付前欠货款的批复

财务部:

你部《关于转销无法支付前欠上海天意商贸公司货款的请示》已经获悉。经核定,所述该公司已经破产倒闭事实属实,根据有关财务制度的规定,同意将该应付账款 6 000 元(人民币陆仟元整)转作营业外收入。请按照相关财务制度进行财务处理。

特此批复。

金华市五湖机械有限公司
公司董事会
(盖章)
××××年 12 月 19 日

表 50－1

浙江省服务业统一发票

全国统一发票监制章 浙江省 国家税务总局监制

发票联

发票代码：24201061690
发票号码：01198595
付款单位(个人)：金华市五湖机械有限公司　　发票日期：××××年 12 月 19 日

经营项目	单位	数量	单价	金额							
				十	万	千	百	十	元	角	分
餐费						2	4	0	0	0	0
人民币合计　贰仟肆佰元整					¥	2	4	0	0	0	0

第二联　发票联

金华饭店　发票专用章

企业(盖有效章)
地　址：　　财务：　　开票：胡美丽

表 50－2

中国工商银行
转账支票存根

支票号码：XⅡ 415141
科　　目：
对方科目：
签发日期：××××年 12 月 19 日

收款人：金华饭店
金　额：¥2 400.00
用　途：支付餐费
备　注：

单位主管：　　会计：

表 51—1

出　库　单

发货仓库:仓库　　　　　　　　　　　　　　　　　　第　　号

领料部门:基本生产车间　　　　××××年 12 月 19 日

类别	编号	名称型号	单位	应发数量	实发数量	单位成本	金额
材料		D 材料	吨	20	20		
合　计							

第三联　财务记账

负责人:　　　　经发:徐克　　　　保管:黄改云　　　　填单:刘胜

表 51—2

出　库　单

发货仓库:仓库　　　　　　　　　　　　　　　　　　第　　号

领料部门:管理部门　　　　××××年 12 月 19 日

类别	编号	名称型号	单位	应发数量	实发数量	单位成本	金额
材料		D 材料	吨	1	1		
合　计							

第三联　财务记账

负责人:　　　　经发:徐克　　　　保管:黄改云　　　　填单:刘胜

表 51—3

出 库 单

发货仓库:仓库　　　　第　　号

领料部门:销售部门　　××××年 12 月 19 日

类别	编号	名称型号	单位	应发数量	实发数量	单位成本	金额
材料		D 材料	吨	1	1		
合　计							

第三联　财务记账

负责人:　　经发:徐克　　保管:黄改云　　填单:刘胜

表 52—1

差 旅 费 报 销 单

××××年 12 月 19 日

姓名:李明　　部门:市场部　　出差事由:市场调查　　单据张数 6 张

起止日期				起止地点	火车费	市内车费	住宿费	途中伙食补助			住勤费		其他
月	日	月	日					标准	天数	金额	天数	金额	
12	11	12	12	金华一西安	126.00	148.00	450.00	60.00	5	300.00	5	350.00	
12	15	12	16	西安一金华	126.00								
合　计					252.00	148.00	450.00	60.00	5	300.00	5	350.00	
人民币(大写):壹仟伍佰元整　　应退(补):500.00													

审核:王政　　部门主管:刘一明　　财务主管:孙立

表 52—2

收款收据

××××年 12 月 19 日　　编号：154769

交款人（单位）	李明							
摘要	报销差旅费							
金额（大写）	人民币伍佰元整	万	千	百	十	元	角	分
			¥	5	0	0	0	0

金华市五湖机械有限公司 财务专用章

主管：　　会计：　　出纳：刘浩

表 53—1

全国统一发票监制章 浙江省 发票联 国家税务总局监制

中国电信金华分公司结算凭证

发票代码：142010662123

开票日期：××××年 12 月 19 日　　发票号码：18511195

付款方	全称	金华市五湖机械有限公司	收款方	全称	中国电信金华分公司	
付款方	账号或地址	81451058675081002	收款方	账号	81451247685362131	
付款方	开户银行	工行长安里支行　行号	收款方	开户银行	工行江北分行	

		十	万	千	百	十	元	角	分
金额人民币（大写）	壹仟陆佰叁拾贰元叁角陆分		¥	1	6	3	2	3	6

款项性质	11 月份电信业务费用	合同号码	37 762 620	附寄单证张数	一张

备注：业务号码：84675369

固话/PHS 月租费 25.00　　市话费 1 600.52　　功能使用费 6.00　　上期余额 0.84

金华市电信有限公司 4210676121746 地 税 发票专用章

实收款：1 632.00 本期余额：0.36

单位主管：　　会计：　　复核：　　记账：　　（收款单位发票专用章有效）

表 53－2

中国工商银行
转账支票存根

支票号码：XⅡ 415142
科　　目：
对方科目：
签发日期：××××年 12 月 19 日

收款人：金华市电信有限公司
金　额：¥1 632.00
用　途：支付电话费
备　注：

单位主管：　　　　　会计：

表 54－1

浙江省增值税普通发票

全国统一发票监制章 浙江省 国家税务总局监制

111020613478

购方单位：金华市五湖机械有限公司　　××××年 12 月 9 日　　No.0203423

品名及规格	货物或劳务名称	单位	数量	单价	金额						
					万	千	百	十	元	角	分
中华香烟		条	2	480			9	6	0	0	0
合　计						¥	9	6	0	0	0
金额（大写）玖佰陆拾元整					¥960.00						
备注：											

②付款方报销凭证

金华大中华烟酒经营公司 发票专用章

开票单位盖章：　　　复核人：　　　收款人：　　　开票人：周　芸

表 54—2

支 出 证 明 单

××××年 12 月 19 日　　　　附件共 1 张

支出科目	摘　要	金　额							缺乏正式单据的原因
		万	千	百	十	元	角	分	
购买中华香烟				9	6	0	0	0	
									现金付讫
合计(大写):玖佰陆拾元整									¥960.00

核准:王政　　复核:孙立　　证明人:张利　　经手:张飞明

表 55—1

差 旅 费 报 销 单

××××年 12 月 19 日

姓名:林冰　　部门:生产车间　　出差事由:考察　　单据张数 6 张

起止日期				起止地点	火车费	市内车费	住宿费	途中伙食补助			住勤费		其他
月	日	月	日					标准	天数	金额	天数	金额	
12	12	12	12	金华一北京	201.00	200.00	450.00	60.00	5	300.00	5	350.00	
12	17	12	17	北京一金华	201.00								
合　计					402.00	200.00	450.00	60.00	5	300.00	5	350.00	
人民币(大写):壹仟柒佰零贰元整　　应退(补):													

审核:王政　　部门主管:刘一明　　财务主管:孙立

表 55－2

支　出　证　明　单

××××年 12 月 19 日　　　　附件共 1 张

支出科目	摘　要	金额：万	千	百	十	元	角	分	缺乏正式单据的原因
报销差旅费			1	7	0	2	0	0	
									现金付讫
合计(大写)：壹仟柒佰零贰元整									¥1 702.00

核准：王政　　复核：孙立　　证明人：张利　　经手：张飞明

表 56－1

委托收款　凭证(收账通知)　4

第 XI 036566 号

电邮　　委托日期：××××年 12 月 19 日　　付款期限：　年　月　日

付款方	全称	南宁大发公司	收款方	全称	金华市五湖机械有限公司
付款方	账号或地址	68325420778	收款方	账号	81451058675081002
付款方	开户银行	工行南门支行	收款方	开户银行	长安里支行　行号

委托金额	人民币(大写)	十	万	千	百	十	元	角	分
	壹拾陆万元整	1	6	0	0	0	0	0	0

款项内容	货　款		委托收款凭证名称	银行承兑汇票	附寄单证张数	

备注：	上列款项 1. 已全部划回收入你方账户 2. 全部未收到 中国工商银行长安里支行 ××××年12月19日 转讫

单位主管：　　会计：　　复核：　　记账：

付款人开户银行收到日期：　年　月　日　支付日期：　年　月　日

表 57－1

浙江省增值税专用发票

全国统一发票监制章 浙江省 国家税务总局监制

发票联

№ 04836901

开票日期：××××年 12 月 19 日

购货单位	名　　称：金华市五湖机械有限公司 纳税人识别号：110199514160154 地 址 、电 话：金华市长安里 888 号 开户行及账号：工行长安里支行 81451058675081002			密码区	245687478/>+<1248<−< 加密版本：01 ＊+−−457−</148<−22−45 8641516972 ＊−4−78>879458136845<7+0 14785412 9/92/279>>−>98>><1 478131		
货物或应税劳务名称	规格型号	单位	数量	单价	金　额	税率	税　额
空调		台	10	2 000	20 000.00	17%	3 400.00
合计					￥20 000.00	17%	￥3 400.00
价税合计（大写）	贰万叁仟肆佰元整				（小写）￥23 400.00		
销货单位	名　　称：金华三菱重工空调营业部 纳税人识别号：420563426735637 地 址 、电 话：金华市丰都路 25 号 开户行及账号：工行丰都支行 42045276341			备注	金华三菱重工空调营业部 ★ 发票专用章		

收款人：王炜　　复核：何艳　　开票人：周勇　　销货单位：（章）

第二联　发票联　购货方记账凭证

表 57－2

浙江省增值税专用发票

全国统一发票监制章 浙江省 国家税务总局监制

抵扣联

№ 04836901

开票日期：××××年 12 月 19 日

购货单位	名　　称：金华市五湖机械有限公司 纳税人识别号：110199514160154 地 址 、电 话：金华市长安里 888 号 开户行及账号：工行长安里支行 81451058675081002			密码区	245687478/>+<1248<−< 加密版本：01 ＊+−−457−</148<−22−45 8641516972 ＊−4−78>879458136845<7+0 14785412 9/92/279>>−>98>><1 478131		
货物或应税劳务名称	规格型号	单位	数量	单价	金　额	税率	税　额
空调		台	10	2 000	20 000.00	17%	3 400.00
合计					￥20 000.00	17%	￥3 400.00
价税合计（大写）	贰万叁仟肆佰元整				（小写）￥23 400.00		
销货单位	名　　称：金华三菱重工空调营业部 纳税人识别号：420563426735637 地 址 、电 话：金华市丰都路 25 号 开户行及账号：工行丰都支行 42045276341			备注	金华三菱重工空调营业部 ★ 发票专用章		

收款人：王炜　　复核：何艳　　开票人：周勇　　销货单位：（章）

第一联　抵扣联　购货方抵扣凭证

表 57—3

中国工商银行
转账支票存根

支票号码:XⅡ 415143
科　　目:
对方科目:
签发日期:××××年 12 月 19 日

收款人:金华三菱重工空调营业部
金　额:¥23 400.00
用　途:购入职工宿舍楼空调
备　注:

单位主管:　　　　会计:

表 57—4

固定资产验收单

NO. 00265

固定资产名称	空调	验收日期	××××.12.19	使用或保管部门	宿舍楼
规格型号	三菱	始建日期		建造单位或部门	外购
固定资产编号	05021	竣工日期		原值	23 400.00
主要技术参数: 略			验收意见: 功能符合要求,验收通过。		

设备科验收:胡雨　　　交验收部门主管:王胜　　　经办人:李涛

表 58－1

委托收款　凭证(付款通知)　5

第　　号

委邮

委托日期:××××年 12 月 19 日　　委托号码:420188

付款日期:　　年　月　日

付款人	全称	金华市五湖机械有限公司	收款人	全称	金华市城市排水管理所		
	账号或地址	81451058675081002		账号	0321520-35682001		
	开户银行	工行长安里支行		开户银行	工商建设路支行	行号	

委托金额	人民币(大写)	千	百	十	万	千	百	十	元	角	分
	壹仟元整				¥	1	0	0	0	0	0

款项内容	12 月排污费	委托收款票据名称		附寄单证张数	2

备注:	付款人注意 1. 应于检票当日通知开户银行划款; 2. 如需拒付,应在规定期限内,将拒付理由书并附债务证明退交开户银行。 (中国工商银行长安里支行 ××××年12月19日 转讫)

单位主管:　　会计:　　复核:　　记账:　　付款人开户银行盖章:　　年　月　日

此联收款人开户银行给付款人按期付款的通知

表 58－2

浙江省企业单位统一收据

3029996

收据联

交款单位:金华市五湖机械有限公司　　××××年 12 月 19 日

收款内容	单位金额	总计金额 十	万	千	百	十	元	角	分	备注
排污费	1 000			1	0	0	0	0	0	
	(金华市城市排水管理所财务专用章)									
合计人民币(大写)	壹仟元整		¥	1	0	0	0	0	0	

开票单位:金华市城市排水管理所　　税务登记号

地址　　开户银行

收款人:李平　　账号

第二联　收据联　付款单位做记账用

表 59－1

金华市电力公司普通电费发票

全国统一发票监制章 浙江省 国家税务总局监制

发　票　联

发票代码：142010662481

户号：0004000733　　收款日期 ××××年 12 月 20 日　　发票号码：04976920

金国税征票印字【××××】45号500万份汉印

户名	金华市五湖机械有限公司			地址	金华市长安里 888 号		
款项性质	电费：×××× 年 12 月			代收机构			
用电信息及收费详情	平段	峰段	谷段	无功	其他收费项目	单价	金额
	起码	58 686			还贷基金	0.020 0	36.22
	止码	60 688			可再生资源	0.001 0	1.81
	倍率	1			城镇附加	0.010 0	18.17
	计费电量	1 382.85			农网维护	0.018 8	34.05
	电价	0.6 464	1.1 635	0.130 3	国家后扶	0.008 3	15.03
	电费	893.87			省级后扶	0.000 5	0.91
合计金额(大写)：壹仟元整				合计金额(小写)：¥1 000.00			

（印章：金华市电力公司普通电费发票 发票专用章）

第一联　付款方报销凭证

收费专章：　　收款人：　　开票人：方平　　合同号：

表 59－2

委托收款　凭证（付款通知）　5

第　　号

委邮

委托日期：××××年 12 月 20 日　　委托号码：420391

付款日期：　年　月　日

付款人	全称	金华市五湖机械有限公司	收款人	全称	金华市电力公司	
	账号或地址	81451058675081002		账号	45871369514	
	开户银行	工行长安里支行		开户银行	工商建设路支行	行号

委托金额	人民币(大写)	壹仟元整	千	百	十	万	千	百	十	元	角	分
						¥	1	0	0	0	0	0

款项内容	电费	委托收款票据名称		附寄单证张数	

备注：	付款人注意 1. 应于检票当日通知开户银行划款； 2. 如需拒付，应在规定期限内，将拒付理由书并附债务证明退交开户银行。

（印章：××××年12月20日 转讫）

此联收款人开户银行给付款人按期付款的通知

单位主管：　会计：　复核：　记账：　付款人开户银行盖章：　年　月　日

表 60－1

金华市水务集团有限公司水费发票

全国统一发票监制章 浙江省 国家税务总局监制

发　票　联

1420106684

开票时间：××××.12.20　　NO 00119660

▲本发票不准携带外地开具▼

用户名称	金华市五湖机械有限公司			用户代码	400001500				
用户地址	金华市长安里 888 号			批　　号					
月份	起码	止码	水量	水费单价	水费	资源费单价	资源	滞纳金	小计
12	01712	01845	798	2.5	1 995.00	0	0	1 995.00	
应收（大写）壹仟玖佰玖拾伍元整								￥1 995.00	
实收		上期余额				本期金额			

金华市电力公司普通电费发票 发票专用章

②此联作报销凭证

表 60－2

委托收款　凭证（付款通知）　5

第　　号

委邮

委托日期：××××年 12 月 20 日　　委托号码：450139

付款日期：　年　月　日

付款人	全称	金华市五湖机械有限公司	收款人	全称	金华市自来水公司		
	账号或地址	81451058675081002		账号	45871369515		
	开户银行	工行长安里支行		开户银行	工商建设路支行	行号	

委托金额	人民币（大写）	壹仟玖佰玖拾伍元整	千	百	十	万	千	百	十	元	角	分
						￥	1	9	9	5	0	0

款项内容	水费	委托收款票据名称		附寄单证张数	

备注：	付款人注意： 1. 应于检票当日通知开户银行划款； 2. 如需拒付，应在规定期限内，将拒付理由书并附债务证明退交开户银行。 中国工商银行长安里支行 ××××年12月20日 转讫

此联收款人开户银行给付款人按期付款的通知

单位主管：　会计：　复核：　记账：　付款人开户银行盖章：　年　月　日

表 61—1

差旅费报销单

××××年 12 月 20 日

姓名：黄百丽　　部门：人事部　　出差事由：招聘　　单据张数 6 张

起止日期				起止地点	火车费	市内车费	住宿费	途中伙食补助			住勤费		其他
月	日	月	日					标准	天数	金额	天数	金额	
12	17	12	17	金华一上海	173.50	150.00	300.00	60.00	3	180.00	3	210.00	
12	19	12	19	上海一金华	173.50								
合　计					347.00	150.00	300.00	60.00	3	180.00	3	210.00	
人民币(大写)：壹仟壹佰捌拾柒元整　　应退(补)：													

审核：王政　　部门主管：刘一明　　财务主管：孙立

表 61—2

支　出　证　明　单

××××年 12 月 20 日　　附件共 1 张

支出科目	摘　要	金　额							缺乏正式单据的原因
		万	千	百	十	元	角	分	
报销差旅费			1	1	8	7	0	0	
合计(大写)：壹仟壹佰捌拾柒元整　　¥1 187.00									

现金付讫

核准：王政　　复核：孙立　　证明人：张利　　经手：张飞明

表 62—1

浙江省服务业统一发票

全国统一发票监制章 浙江省 国家税务总局监制

发票联

发票代码：24201067270
发票号码：01198775
发票日期：××××年 12 月 20 日

付款单位（个人）：金华市五湖机械有限公司

经营项目	单位	数量	单价	金额							
				十	万	千	百	十	元	角	分
餐费			1 000.00			1	0	0	0	0	0
人民币合计　壹仟元整					¥	1	0	0	0	0	0

第二联　发票联

金华邻家饭店 发票专用章

企业（盖有效章）
地　址　　财务　　开票：叶华

表 62—2

支出证明单

××××年 12 月 20 日　　附件共 1 张

支出科目	摘要	金额							缺乏正式单据的原因
		万	千	百	十	元	角	分	
报销餐费			1	0	0	0	0	0	
合计（大写）：壹仟元整		¥1 000.00							

现金付讫

核准：王政　　复核：孙立　　证明人：张利　　经手：张飞明

表 63－1

中国工商银行存款利息凭证

××××年 12 月 20 日

收款单位	账号	81451058675081002	付款单位	账号	200034578
	户名	金华市五湖机械公司		户名	工行长安里支行
	开户银行	工行长安里支行		开户银行	工行长安里支行
积数		利率 0.98‰			利息：265.00
中国工商银行长安里支行 ××××年12月20日 转讫 ＿＿＿＿＿户第二季度利息			科　目＿＿＿＿＿＿ 对方科目＿＿＿＿＿＿ 复核员：　记账：张明		

此联出票人开户银行交给出票人的回单

表 64－1

浙江省增值税专用发票

此联不作报销凭证使用　　　　№ 001785956

开票日期：××××年 12 月 20 日

购货单位	名　　称：金华达达商贸有限公司 纳税人识别号：32010578624167 地 址 、电 话：金华市北海路 1 号 6567488 开户行及账号：工行北海支行 3205637123			密码区	458687478/>+<1248<−< 加密版本：01 *+−−457−</148<−22−45 4589216972 *−3−65>879458136845<7+0 2455412 8/56/145>>−>98><1 478131		
货物或应税劳务名称	规格型号	单位	数量	单价	金额	税率	税额
甲产品	YD0001	台	2	7 100.00	14 200.00	17%	2 414.00
合计					￥14 200.00	17%	￥2 414.00
价税合计(大写)	壹万陆仟陆佰壹拾肆元整				(小写)￥16 614.00		
销货单位	名　　称：金华市五湖机械有限公司 纳税人识别号：110199514160154 地 址 、电 话：金华市长安里 888 号 开户行及账号：工行长安里支行 81451058675081002			备注			

收款人：　　复核：　　开票人：周云丽　　销货单位：(章)

第三联　记账联　销货方记账凭证

表 64-2

出　库　单

发货仓库:仓库　　　　　　　　　　　　　　　　　　第　　号

领料部门:金华达达商贸有限公司　　××××年 12 月 20 日

类别	编号	名称型号	单位	应发数量	实发数量	单位成本	金　额
产品		甲产品	台	2	2		
合　计							

第三联　财务记账

负责人:　　　经发:　　　保管:黄改云　　　填单:李三

表 64-3

付款期限
壹 个 月

中国工商银行

汇票号码

银行本票　2

出票日期(大写):××××年壹拾贰月贰拾日　　代理付款行:长安里支行 行号:21035021568

收款人:金华市五湖机械有限公司　账号:80451058675081002												
出票金额 人民币(大写)	壹万陆仟陆佰壹拾肆元整											
实际结算金额 人民币(大写)	壹万陆仟陆佰壹拾肆元整	千	百	十	万	千	百	十	元	角	分
				¥	1	6	6	1	4	0	0

申请人:金华达达商贸有限公司　　账号或住址:32056237123

出票人:工行北海路支行　行号:3205637123

备注:

凭票付款

（印章：工行北海路支行　××××年12月20日　转讫）

密　押										科目(借)
多余金额										对方科目(贷)
千	百	十	万	千	百	十	元	角	分	兑付日期　年　月　日
										复核　记账

出票人签章:

此联代理付款行付款后做联行往账借方凭证附件

表 64－4

付款期限 壹 个 月

中国工商银行

银行本票（解讫通知）　3

汇票号码
第　　号

出票日期(大写)：××××年壹拾贰月贰拾日　　代理付款行：交行北海路支行 行号：21035021568

收款人：金华市五湖机械有限公司　账号：80451058675081002												
出票金额 人民币（大写）	壹万陆仟陆佰壹拾肆元整											
实际结算金额 人民币（大写）	壹万陆仟陆佰壹拾肆元整	千	百	十	万	千	百	十	元	角	分
				¥	1	6	6	1	4	0	0

申请人：金华达达商贸有限公司　　账号或住址：32056237123

出票人：工行北海路支行　行号：3205637123

备注：

代理付款行盖章

工行北海路支行
××××年12月20日
转讫

密　押										科目(借)
多余金额										对方科目(贷)
千	百	十	万	千	百	十	元	角	分	兑付日期　　年　月　日
										复核　　记账

复核：　　经办：

由出票人作多余额贷款凭证

此联代理付款行兑付后随报单寄出票行

表 64－5

中国工商银行　**进账单**(回单)　1

××××年 12 月 20 日　　　　第　　号

出票人	全称	金华达达商贸有限公司	持票人	全称	金华市五湖机械有限公司
	账号	3205637123		账号	81451058675081002
	开户银行	交通银行北海路支行		开户银行	工商银行长安里支行

人民币（大写）	壹万陆仟陆佰壹拾肆元整	千	百	十	万	千	百	十	元	角	分
				¥	1	6	6	1	4	0	0

票据种类	银行支票	票据张数	1 张
票据号码	N58964		

中国工商银行长安里支行
××××年12月20日
转讫

开户银行签章

单位主管：　会计：　复核：　记账：

此联出票人开户银行交给出票人的回单

表 65－1

委托收款　凭证(付款通知)　5　　第　号

委邮

委托日期:××××年 12 月 20 日　　委托号码:4201485

付款日期:××××年　月　日

付款人	全称	金华市五湖机械有限公司					收款人	全称	上海天马有限公司							
	账号或地址	81451058675081002						账号	63025942654							
	开户银行	工行长安里支行						开户银行	工商建设路支行					行号		
委托金额	人民币(大写)	肆拾陆万元整	千	百	十	万	千	百	十	元	角	分				
				¥	4	6	0	0	0	0	0	0				
汇款用途:还欠款　如需加急,请在括号内注明(　　)。																
备注:							付款人注意: 1. 应于检票当日通知开户银行划款; 2. 如需拒付,应在规定期限内,将拒付理由书并附债务证明退交开户银行。									

(印章:中国工商银行长安里支行 ××××年12月20日 转讫)

此联收款人开户银行给付款人按期付款的通知

单位主管:　　会计:　　复核:　　记账:　　付款人开户银行盖章:　　年　月　日

表 66－1

浙江省地方税务局通用机打发票

(印章:全国统一发票监制章 浙江省 国家税务总局监制)

发票联

发票代码　233021211613

发票号码　00272696

入　口:　广州

出　口:　金华

车　型:

车　重:　　超限:

通行费:　¥850.00

付款方式

其中代收:

××××-12-19

(印章:浙江××高速公路有限公司 330702736018176 发票专用章)

浙地税印 1107198×1500000 份×1联

浙江 ×× 印刷有限公司承担

表 66-2

支　出　证　明　单

××××年　月　日　　　　附件共 1 张

支出科目	摘　要	金额 万	千	百	十	元	角	分	缺乏正式单据的原因
支付交通费	过路费			8	5	0	0	0	
			现金付讫						
合计(大写):捌佰伍拾元整									¥850.00

核准:王政　　复核:孙立　　证明人:张乐喜　　经手:刘明

表 67-1

委托收款　凭证(付款通知)　5

第 1445 号

委邮

委托日期:××××年 12 月 20 日　　委托号码:420173

付款日期:××××年 12 月 20 日

付款人	全称	金华市五湖机械有限公司	收款人	全称	金华市电信局
	账号或地址	81451058675081002		账号	010-542002
	开户银行	工行长安里支行		开户银行	金华市工行　行号

委托金额	人民币(大写)	千	百	十	万	千	百	十	元	角	分
	壹仟柒佰壹拾玖元玖角整				¥	1	7	1	9	9	0

款项内容		委托收款票据名称		附寄单证张数	
	长话费				
	市话费				
	农话费				
	信息费				
	电报				

备注:	付款人注意: 1. 应于检票当日通知开户银行划款; 2. 如需拒付,应在规定期限内,将拒付理由书并附债务证明退交开户银行。 ××××年12月20日 转讫

单位主管:　会计:　复核:　记账:　付款人开户银行盖章:　年　月　日

此联收款人开户银行给付款人按期付款的通知

表 67－2

浙江省增值税专用发票

全国统一发票监制章　浙江省　国家税务总局监制

发票联

№ 04838899

开票日期：××××年 12 月 20 日

购货单位	名　　称：金华市五湖机械有限公司 纳税人识别号：110199514160154 地 址 、电 话：金华市长安里 888 号 开户行及账号：工行长安里支行 81451058675081002			密码区	245687478/＞＋＜1248＜－＜ 加密版本：01 ＊＋－－457－＜/148＜－22－45 8641516972 ＊－4－78＞879458136845＜7＋0 14785412 9/92/279＞＞－＞98＞＞＜1 478131		
货物或应税劳务名称	规格型号	单位	数 量	单 价	金　额	税 率	税　额
通信费					1 470.00	17%	249.90
合计					¥1 470.00	17%	¥249.90
价税合计(大写)	壹仟柒佰壹拾玖元玖角整				(小写)¥1 719.90		
销货单位	名　　称：金华市电信局 纳税人识别号：420563426735637 地 址 、电 话：金华市五里路 89 号 开户行及账号：金华市工行 010-542002			备注	金华市电信局 发票专用章		

收款人：　　复核：　　开票人：张安　　销货单位：(章)

第二联　发票联　购货方记账凭证

表 67－3

浙江省增值税专用发票

全国统一发票监制章　浙江省　国家税务总局监制

抵扣联

№ 04838899

开票日期：××××年 12 月 20 日

购货单位	名　　称：金华市五湖机械有限公司 纳税人识别号：110199514160154 地 址 、电 话：金华市长安里 888 号 开户行及账号：工行长安里支行 81451058675081002			密码区	245687478/＞＋＜1248＜－＜ 加密版本：01 ＊＋－－457－＜/148＜－22－45 8641516972 ＊－4－78＞879458136845＜7＋0 14785412 9/92/279＞＞－＞98＞＞＜1 478131		
货物或应税劳务名称	规格型号	单位	数 量	单 价	金　额	税 率	税　额
通讯费					1 470.00	17%	249.90
合计					¥1 470.00	17%	¥249.90
价税合计(大写)	壹仟柒佰壹拾玖元玖角整				(小写)¥1 719.90		
销货单位	名　　称：金华市电信局 纳税人识别号：420563426735637 地 址 、电 话：金华市五里路 89 号 开户行及账号：金华市工行 010-542002			备注	金华市电信局 发票专用章		

收款人：　　复核：　　开票人：张安　　销货单位：(章)

第一联　抵扣联　购货方抵扣凭证

表 68－1

浙江省商业企业统一发票

全国统一发票监制章
发票联
浙江省
国家税务总局监制

№ 93-0080

工商执照：
开户银行：工行长安里支行
账　　号：81451058675081002
购货单位：金华市五湖机械有限公司　　开票日期：××××年 12 月 20 日

货　号	品名规格	计量单位	数　量	单　价	金额 十	万	千	百	十	元	角	分
	纸、笔、墨						3	5	0	0	0	0
人民币合计：叁仟伍佰元整						¥	3	5	0	0	0	0

第二联　发票联

金华立信文化用品商店　发票专用章

企业（盖有效章）
地　址　　财务　　开票：董　军

表 68－2

中国工商银行
转账支票存根

支票号码：XⅡ 415144
科　　目：
对方科目：
签发日期：××××年 12 月 20 日

收款人：金华立信文化用品商店
金　额：¥3 500.00
用　途：购入办公用品
备　注：

单位主管：　　会计：

表 68—3

文具领用汇总单

××××年 12 月 20 日

部　门	名　称	数　量	单　价	金　额	领用人签名
生产车间	纸、笔、墨			1 000.00	林冰
管理部门	纸、笔、墨			1 500.00	王政
销售机构	纸、笔、墨			1 000.00	黄金良
合计				￥3 500.00	

主管部门：总务　　负责人：　　保管：　　制单：李涛

表 69—1

入　库　单

收货仓库：仓库　　××××年 12 月 20 日

类别	编号	名称型号	单位	应发数量	实发数量	单位成本	金额
产品		甲产品	台	40			
产品		乙产品	台	40			
合　计							

第三联　财务记账

负责人：　　经发：　　保管：黄改云　　填单：李三

表 70—1

贴现申请书

工行长安里支行：

我公司于××××年12月10日与武汉九头鸟公司签订NO.0022745号供销合同。××××年12月10日双方协定以商业承兑汇票方式结清账款，于××××年12月13日武汉九头鸟公司开给(或背书转让给)我公司商业承兑汇票一张，金额为人民币(大写)壹拾壹万柒仟元整。现我公司由于流动资金紧张，业务发展需要，特向贵行申请商业汇票贴现。

附汇票基本要素：

汇票号码：AA/01　　00235834　　承兑协议编号：

我公司郑重承诺：如因本汇票之真伪或对方银行因各种原因拒付而给贵行造成的一切经济损失，由我公司承担全部赔付责任。

金华市五湖机械有限公司 财务专用章

公司名称：金华市五湖机械有限公司

法人代表签字：王平

王平

××××年12月21日

表 70—2

贴现凭证 (收账通知)　4

申请日期：××××年12月21日　　　　第　　号

<table>
<tr><td rowspan="3">贴现汇票</td><td>种类</td><td>商业汇票</td><td>号码</td><td>AA/0100235834</td><td rowspan="3">持票人</td><td>名称</td><td colspan="2">金华市五湖机械有限公司</td></tr>
<tr><td>出票日</td><td colspan="3">××××年12月13日</td><td>账号</td><td colspan="2">81451058675081002</td></tr>
<tr><td>到期日</td><td colspan="3">××××年01月11日</td><td>开户银行</td><td colspan="2">工行长安里支行</td></tr>
<tr><td>汇票承兑人</td><td>名称</td><td colspan="3">武汉九头鸟公司</td><td>账号</td><td>05637123</td><td>开户银行</td><td>建行江大支行</td></tr>
<tr><td>汇票金额</td><td colspan="6">人民币(大写)壹拾壹万柒仟元整</td><td colspan="2">千 百 十 万 千 百 十 元 角 分
　 ¥ 1 1 7 0 0 0 0 0</td></tr>
<tr><td>贴现率</td><td>‰</td><td>贴现利息</td><td colspan="2">千 百 十 万 千 百 十 元 角 分
　 　 　 　 ¥ 6 0 4 0 0</td><td colspan="2">贴现金额</td><td colspan="2">千 百 十 万 千 百 十 元 角 分
　 ¥ 1 1 6 3 9 6 0 0</td></tr>
<tr><td colspan="5">贴现款项已入你单位账户

银行签章
年　月　日</td><td colspan="4">备注：</td></tr>
</table>

中国工商银行长安里支行 ××××年12月21日 转讫

此联银行给持票人的收账通知

表 71－1

浙江省增值税专用发票

此联不作报销凭证使用　　　　№ 001785669

开票日期：××××年 12 月 23 日

购货单位	名　　称：江西省时新商贸公司 纳税人识别号：32010578624167 地 址 、电 话：南昌市江大路 8 号 64667188 开户行及账号：建行江大支行 3205637123			密码区	458687478/＞＋＜1248＜－＜ 加密版本：01 ＊＋－－457－＜/148＜－22－45 4589216972 ＊－3－65＞879458136845＜7＋0 2455412 8/56/145＞＞－＞98＞＞＜1 478131		
货物或应税劳务名称	规格型号	单位	数 量	单 价	金　额	税 率	税　额
乙产品		台	35	10 500.00	367 500.00	17%	62 475.00
合计					￥367 500.00	17%	￥62 475.00
价税合计（大写）	肆拾贰万玖仟玖佰柒拾伍元整				（小写）￥429 975.00		
销货单位	名　　称：金华市五湖机械有限公司 纳税人识别号：110199514160154 地 址 、电 话：金华市长安里 888 号 开户行及账号：工行长安里支行 81451058675081002			备注			

收款人：　　复核：　　开票人：周云丽　　销货单位：（章）

第三联 记账联 销货方记账凭证

表 71－2

出　库　单

发货仓库：仓库　　　　第　　号

提货单位：江西省时新商贸公司　　　　××××年 12 月 23 日

类别	编号	名称型号	单位	应发数量	实发数量	单位成本	金额
产品		乙产品	台	35	35		
合　计							

负责人：　　经发：　　保管：黄改云　　填单：李三

第三联 财务记账

表 71—3

付款期限
壹 个 月

中国工商银行

银行汇票　2

汇票号码
第　号

出票日期(大写):××××年壹拾贰月贰拾叁日　代理付款行:建行青年路支行 行号:21035021568

收款人:金华市五湖机械有限公司

出票金额 人民币(大写) 肆拾贰万玖仟玖佰柒拾伍元整

实际结算金额 人民币(大写)	肆拾贰万玖仟玖佰柒拾伍元整	千	百	十	万	千	百	十	元	角	分
			¥	4	2	9	9	7	5	0	0

工行北海路支行 ××××年12月20日 转讫

申请人:江西省时新商贸公司　账号或住址:3205637123
出票人:建行青年路支行　行号:
备注:
凭票付款

出票行签章

密押										科目(借)
多余金额										对方科目(贷)
千	百	十	万	千	百	十	元	角	分	兑付日期　年　月　日
										复核　记账

此联代理付款后作联行记账借方凭证附件

表 71—4

付款期限
壹 个 月

中国工商银行

银行汇票 (解讫通知)　3

汇票号码
第　号

出票日期(大写):××××年壹拾贰月贰拾叁日　代理付款行:建行青年路支行 行号:21035021568

收款人:金华市五湖机械有限公司

出票金额 人民币(大写) 肆拾贰万玖仟玖佰柒拾伍元整

实际结算金额 人民币(大写)	肆拾贰万玖仟玖佰柒拾伍元整	千	百	十	万	千	百	十	元	角	分
			¥	4	2	9	9	7	5	0	0

工行北海路支行 ××××年12月20日 转讫

申请人:江西省时新商贸公司　账号或住址:3205637123
出票人:建行青年路支行　行号:
备注:
代理付款行盖章

复核:　经办:

密押										科目(借)
多余金额										对方科目(贷)
千	百	十	万	千	百	十	元	角	分	兑付日期　年　月　日
										复核　记账

此联代理付款行兑付后随报单寄出行票
由出票人作多余额贷款凭证

表 71－5

中国工商银行　进账单（回单）　1

××××年 12 月 23 日　　第　号

签发人	全称	江西省时新商贸公司	收款人	全称	金华市五湖机械有限公司
	账号	3205637123		账号	81451058675081002
	开户银行	建行江大支行		开户行	工商银行长安里支行

人民币（大写）	肆拾贰万玖仟玖佰柒拾伍元整	千	百	十	万	千	百	十	元	角	分
			¥	4	2	9	9	7	5	0	0

票据种类	银行汇票	票据张数	1 张
票据号码	55789		

中国工商银行长安里支行　××××年12月23日　转讫

开户银行签章

单位主管：　　会计：　　复核：　　记账：

此联出票人开户银行交给出票人的回单

表 72－1

中国工商银行　进账单（回单）　1

××××年 12 月 23 日　　第　号

出票人	全称	香港万达公司	持票人	全称	金华市五湖机械有限公司
	账号	3205637123		账号	81451058675081002
	开户银行	建行九龙支行		开户行	工商银行长安里支行

人民币（大写）	捌万伍仟陆佰元整	千	百	十	万	千	百	十	元	角	分
				¥	8	5	6	0	0	0	0

票据种类	银行汇票	票据张数	1 张
票据号码	45789		

中国工商银行长安里支行　××××年12月23日　转讫

持票人开户银行签章

单位主管：　　会计：　　复核：　　记账：

此联持票人开户银行交给持票人的收账通知

表 73－1

浙江省增值税专用发票

此联不作报销凭证使用　　　　№ 001785961

开票日期：××××年 12 月 24 日

购货单位	名　　称：上海东方商贸有限公司 纳税人识别号：32010578624167 地 址 、电 话：上海市北海路 1 号 6567488 开户行及账号：交行北海支行 3205637123	密码区	458687478/＞＋＜1248＜－＜ 加密版本：01 ＊＋－－457－＜/148＜－22－45 4589216972 ＊－3－65＞879458136845＜7＋0 2455412 8/56/145＞＞－＞98＞＞＜1 478131

货物或应税劳务名称	规格型号	单位	数量	单价	金额	税率	税额
甲产品		台	78	7 000.00	546 000.00	17%	92 820.00
合计					￥546 000.00	17%	￥92 820.00
价税合计（大写）	陆拾叁万捌仟捌佰贰拾元整				（小写）￥638 820.00		

销货单位	名　　称：金华市五湖机械有限公司 纳税人识别号：110199514160154 地 址 、电 话：金华市长安里 888 号 开户行及账号：工行长安里支行 81451058675081002	备注	

收款人：　　复核：　　开票人：周云丽　　销货单位：（章）

第三联　记账联　销货方记账凭证

表 73－2

出　库　单

发货仓库：仓库　　　　第　　号

提货单位：上海东方商贸有限公司　　××××年 12 月 24 日

类别	编号	名称型号	单位	应发数量	实发数量	单位成本	金额
产品		甲产品	台	78	78		
合计							

负责人：　　经发：　　保管：黄改云　　填单：李三

第三联　财务记账

表 73—3

中国工商银行　进账单(回单)　1

××××年 12 月 24 日　　第　号

签发人	全称	上海东方商贸有限公司	收款人	全称	金华市五湖机械有限公司
	账号	3205637123		账号	81451058675081002
	开户银行	交行北海支行		开户行	工商银行长安里支行

人民币（大写）		千	百	十	万	千	百	十	元	角	分
	陆拾叁万捌仟捌佰贰拾元整		¥	6	3	8	8	2	0	0	0

票据种类		票据张数	张
票据号码			

中国工商银行长安里支行
××××年12月24日
转讫

单位主管：　会计：　复核：　记账：　　开户银行签章

此联出票人开户银行交给出票人的回单

表 74—1

中国工商银行借款利息凭证

××××年 12 月 24 日

收款单位	账号	200034578	付款单位	账号	81451058675081002
	户名	工行长安里支行		户名	金华市五湖机械有限公司
	开户银行	工行长安里支行		开户银行	工行长安里支行

积数　　利率 0.99‰　　利息:395.00

中国工商银行长安里支行
××××年12月24日
转讫

科　　目________________

对方科目________________

__________户第四季度利息　　复核员：　记账：

此联出票人开户银行交给出票人的回单

表 75－1

浙江省增值税专用发票

此联不作报销扣款凭证使用　　№ 001785963

开票日期：××××年 12 月 24 日

购货单位	名　　称：金华永信商贸有限公司 纳税人识别号：32010578624167 地 址 、电 话：金华市南海路 5 号 8567488 开户行及账号：交行北海支行 3205637123	密码区	458687478/＞＋＜1248＜－＜ 加密版本：01 ＊＋－－457－＜/148＜－22－45 4589216972 ＊－3－65＞879458136845＜7＋0 2455412 8/56/145＞＞－＞98＞＞＜1 478131

货物或应税劳务名称	规格型号	单位	数 量	单 价	金　额	税 率	税　额
乙产品		台	44	11 000.00	484 000.00	17%	82 280.00
合计					￥484 000.00	17%	￥82 280.00
价税合计（大写）	伍拾陆万陆仟贰佰捌拾元整				(小写)￥566 280.00		

销货单位	名　　称：金华市五湖机械有限公司 纳税人识别号：110199514160154 地 址 、电 话：金华市长安里 888 号 开户行及账号：工行长安里支行 81451058675081002	备注	

收款人：　　复核：　　开票人：周云丽　　销货单位：（章）

第三联　记账联　销货方记账凭证

表 75－2

出　库　单

发货仓库：仓库　　第　号

提货单位：金华永信商贸有限公司　　××××年 12 月 24 日

类别	编号	名称型号	单位	应发数量	实发数量	单位成本	金　额
产品		乙产品	台	44	44		
合　计							

负责人：　　经发：　　保管：黄改云　　填单：李三

第三联　财务记账

表 75—3

中国工商银行 转账支票(浙)

金华 NO 0006570

出票日期(大写) ××××年壹拾贰月贰拾肆日　　付款行名称:工行南海支行

收款人:金华市五湖机械有限公司　　出票人账号:3205637123

人民币（大写）	伍拾陆万陆仟贰佰捌拾元整	亿	千	百	十	万	千	百	十	元	角	分
				¥	5	6	6	2	8	0	0	0

本支票付款期限十天

用途 货款

上列款项请从

我账户内支付

出票人签章

金华永信商贸有限公司 财务专用章　　张千印

科目(借)________

对方科目(贷)________

转账日期　年　月　日

复核　记账

表 75—4

中国工商银行 进账单(回单) 1

××××年 12 月 24 日　　第　号

付款人	全称	金华永信商贸有限公司	收款人	全称	金华市五湖机械有限公司
	账号	3205637123		账号	81451058675081002
	开户银行	工商银行南海路支行		开户行	工商银行长安里支行

人民币（大写）	伍拾陆万陆仟贰佰捌拾元整	千	百	十	万	千	百	十	元	角	分
			¥	5	6	6	2	8	0	0	0

票据种类	银行支票	票据张数	1 张
票据号码			

中国工商银行长安里支行 ××××年12月24日 转讫

单位主管:　会计:　复核:　记账:　　开户银行签章

此联出票人开户银行交给出票人的回单

表 76—1

STX Engine Co. ,Ltd.

80,Seongsan-dong,Changwon

Gyungsangnam-do. Korea 641—315

Tel:82—55—280—0114 Fax:82—55—285—2030

INVOICE

TO:JINHUA WUHU MACHINERY CO.

888 Changanli, Jinhua, China

Invoice NO. :JKJ070213A

Dec. 24, ××××

Description	Q'ty	unit price	Total amount
Ford 2.4 exhaust volume car	1 vehicles	CNY420 453	CNY420 453
—Contract NO. :NLPC—015			
—1 st Down Payment(20% of the Contract value)			CNY420 453
Grand Total……………………………………			CNY420 453

We'd like you to take care of the above payment as soon as possible by telegraphic transfer to below account and confirm by return fax the date once such remittance is effected.

Bank: Woori Bank(Changwon Operation Team)

Add. :851—1,Oi—dong,changwon—si,Kyungnam,641—020,Korea

SWIFT Code:HVBKKRSE

Account No. :865—001774—42—003

STX Engine Co. Ltd.

K. S. Rhee

President & CEO

Signed by ____________

表 76—2

海关　进出口关税　专用缴款书

收入系统:海关系统　　　　填发日期:××××年 12 月 24 日　　　　NO.

收款单位	收入机关	中央金库	缴款单位	名　称	金华市五湖机械有限公司
	科　　目			账　号	81451058675081002
	收款国库			开户银行	工商银行长安里支行

税号	货物名称	数量	单位	完税价格(￥)	税率(%)	税款金额
	2.4 排量小轿车	1	辆	420 453	25	105 113.25
金额人民币(大写) 壹拾万伍仟壹佰壹拾叁元贰角伍分					合计(￥)	105 113.25

申请单位编号		报关单编号		填制单位	收缴国库(银行) 中国工商银行长安里支行 ××××年12月24日 转讫
合同(批文)号		运输工具(号)		制单人	
缴款期限		提/装货单号		复核人	
备注			中华人民共和国海关 金华 征税专用章		

表 76—3

海关　代征增值税(消费税)　专用缴款书

收入系统:海关系统　　　　填发日期:××××年 12 月 24 日

收款单位	收入机关	中央金库	缴款单位	名　称	金华市五湖机械有限公司
	科　　目			账　号	81451058675081002
	收款国库			开户银行	工商银行长安里支行

税号	货物名称	数量	单位	完税价格(￥)	税率(%)	税款金额(￥)
增值税						
消费税						
金额人民币(大写)					合计(￥)	

申请单位编号		报关单编号		填制单位	收缴国库(银行) 中国工商银行长安里支行 ××× 转讫
合同(批文)号		运输工具(号)		制单人	
缴款期限		提/装货单号		复核人	
备注			中华人民共和国海关 金华 征税专用章		

表 76－4

中国工商银行
转账支票存根

支票号码：XⅡ 415145
科　　目：
对方科目：
签发日期：××××年 12 月 24 日

收款人：金华市地方税务局
金　额：￥57 754.53
用　途：付车辆购置税
备　注：

单位主管：　　　　会计：

表 76－5

车辆购置税纳税申报表

填表日期：××××年 12 月 24 日　　行业代码：　　注册类型代码：

纳税人名称：　　金额单位：元

<table>
<tr><td>纳税人证件名称</td><td colspan="2"></td><td>证件号码</td><td colspan="2"></td></tr>
<tr><td>联系电话</td><td></td><td>邮政编码</td><td></td><td>地址</td><td></td></tr>
<tr><td colspan="6">车辆基本情况</td></tr>
<tr><td>车辆类别</td><td colspan="5">1. 汽车　2. 摩托车　3. 电车　4. 挂车　5. 农用运输车</td></tr>
<tr><td>生产企业名称</td><td colspan="3">福特汽车制造公司</td><td>机动车销售统一发票(或有效凭证)价格</td><td></td></tr>
<tr><td>厂牌型号</td><td colspan="3"></td><td>关税完税价格</td><td></td></tr>
<tr><td>发动机型号</td><td colspan="3"></td><td>关税</td><td></td></tr>
<tr><td>车辆识别代号
(车架号码)</td><td colspan="3"></td><td>消费税</td><td></td></tr>
<tr><td>购置日期</td><td colspan="3">××××年 12 月 24 日</td><td>免(减)税条件</td><td></td></tr>
<tr><td>申报计税价格</td><td>计税价格</td><td colspan="2">税率</td><td>免税、减税额</td><td>应纳税额</td></tr>
<tr><td>1</td><td>2</td><td colspan="2">3</td><td>4＝2×3</td><td>5＝1×3 或 2×3</td></tr>
<tr><td></td><td></td><td colspan="2">10％</td><td></td><td></td></tr>
<tr><td></td><td></td><td colspan="2"></td><td></td><td></td></tr>
<tr><td colspan="3">申报人声明</td><td colspan="3">授权声明</td></tr>
<tr><td colspan="3">此纳税申报表是根据《中华人民共和国车辆购置税暂行条例》的规定填报的，我相信它是真实的、可靠的、完整的。
声明人签字：</td><td colspan="3">如果你已委托代理人申报，请填写以下资料：
为代理一切税务事宜，现授权(　　)，地址(　　)为本纳税人的代理申报人，任何与本申报表有关的往来文件，都可寄与此人。
授权人签字：</td></tr>
<tr><td rowspan="5">纳税人签名或盖章</td><td colspan="5">如委托代理人的，代理人应填写以下各栏</td></tr>
<tr><td colspan="2">代理人名称</td><td colspan="2"></td><td rowspan="4">代理人(章)</td></tr>
<tr><td colspan="2">地址</td><td colspan="2"></td></tr>
<tr><td colspan="2">经办人</td><td colspan="2"></td></tr>
<tr><td colspan="2">电话</td><td colspan="2"></td></tr>
<tr><td colspan="2">接收人：刘海山

接收日期：××××年 12 月 24 日</td><td colspan="4">金华市地方税务局 (1) 征税专用章

主管税务机关(章)：</td></tr>
</table>

表 76—6

固定资产验收单

NO. 002657

固定资产名称	2.4 排量小汽车	验收日期	××××.12.24	使用或保管部门	行政办公室
规格型号	福特	始建日期		建造单位或部门	进口
固定资产编号	050218	竣工日期		原值	
主要技术参数： 略			验收意见： 功能符合要求，验收通过。		

设备科验收：胡雨　　交验收部门主管：黄金　　经办人：李涛

表 77—1

中国工商银行现金进账单(回单或收账通知)①

××××年 12 月 24 日　　第　　号

收款人	全称	金华市五湖机械有限公司	开户银行	工行长安里支行
	账号	81451058372081002	款项来源	超定额现金

人民币（大写）	十	万	千	百	十	元	角	分
伍仟元整		¥	5	0	0	0	0	0

票面	张数	十	万	千	百	十	元	角	分	票面	张数	百	十	元	角	分
壹佰元	45			4	5	0	0	0	0	伍角						
伍拾元	4				2	0	0	0	0	贰角						
贰拾元										壹角						
拾元	12				1	2	0	0	0	伍分						
伍元	36				1	8	0	0	0	贰分						
贰元										壹分						
壹元																

中国工商银行长安里支行 ××××年12月24日 转

（收款银行盖章）

收银员　　复核员

表 78－1

现金盘点报告表

单位名称:金华市五湖机械有限公司　　××××年 12 月 24 日

实存金额	账存金额	盘亏情况		备　注
		盘盈数	盘亏数	
4 397.5	4 307.5	90.00		
处理意见:作长款处理。				

主管:孙立　　会计:赵莉　　核点:张丽

表 79－1

中国工商银行
现金支票存根

支票号码:XⅡ 3576805

科　　目:

对方科目:

签发日期:××××年 12 月 24 日

收款人:王平
金　额:￥186 000.00
用　途:归还借款
备　注:

单位主管:　　会计:

表 80—1

中国工商银行　银行汇票申请书　(存根)　　1

申请日期:××××年 12 月 24 日　　　　第　　号

申请人	金华市五湖机械有限公司		收款人	上海天马有限公司									
账号或住址	81451058675081002		账号或住址	20050410									
用途	支付购货款		代理付款行	工行长安里支行									
汇票金额	人民币(大写)	贰拾陆万元整		千	百	十	万	千	百	十	元	角	分
					¥	2	6	0	0	0	0	0	0

此联申请人保留

上列款项请从我账户内支付

金华市五湖机械有限公司财务专用章

申请人盖章

科　　目(借):

对方科目(贷):

转账日期:　　年　　月　　日

复核:　　　　记账:

表 80—2

中国工商银行金华长安里支行邮、电手续费收费凭证(借方凭证)

××××年 12 月 24 日

缴款人名称:金华市五湖机械有限公司															信(电)汇　笔　汇票 1 笔　其他　笔						
账号:81451058675081002															异托、委托　笔　支票　笔(本)　专用托收　笔						
邮费金额					电报费金额					手续费金额					合计金额						
百	十	元	角	分	百	十	元	角	分	百	十	元	角	分	千	百	十	元	角	分	
												9	1	0			¥	9	1	0	中国工商银行长安里支行 ××××年12月24日 转讫
合计金额	人民币(大写) 玖元壹角整																				复核:　记账: 复票:　制票:

表 81－1

工程施工合同

发包方：金华市五湖机械有限公司（以下简称甲方）

承包方：金华市第二建筑公司（以下简称乙方）

根据《中华人民共和国合同法》及其他有关法律、法规规定，结合工程实际情况，就　仓库　工程施工承包给乙方的有关事宜，经协商一致，签订本合同，以资共同遵守。

第一条　工程概况

1. 工程名称：×××仓库施工工程；　　工程地点：金华市长安里 888 号；

2. 工程承包方式：总承包；　　工程范围和内容：仓库

第二条　工程期限

1. 本工程合同总工期为　××　天（从开工之日算起）。

2. 本工程开工日期××××年××月××日，竣工日期××××年××月××日。

第三条　工程合同总价

本工程合同总价为人民币　贰拾万　元整（¥200 000.00 元），工程总价包含乙供材料费、安装费用、材料保管费用、搬运费用、安全保障设施费用、工伤保险费用等，乙方不得要求甲方支付非经甲方认可的其他费用。

第四条　工程质量和检查验收

1. 乙方必须严格按施工图纸、说明文件和国家颁发的有关规范、规程进行施工，并接受甲方代表的监督检查。

2. 乙方应按工程进度，及时向甲方提供关于工程质量的技术资料等。隐蔽工程未经甲方专业人员检查不得隐蔽，否则将承担有关责任。

3. 工程竣工验收，应以施工图纸、图说、技术交底纪要、设计更改通知、国家颁发的施工验收规范和质量检验标准为依据，由双方共同组织有关单位进行竣工验收。

4. 验收中如发现有不符合质量要求，需要返工的工程，由乙方负责修好再进行检验。乙方如不能在安排的期限内整改完成且达到竣工要求时，甲方有权按计划合法使用而不被视为验收通过，乙方须在有限的时间内处理完毕，直至验收合格。

5. 竣工日期以最后验收合格的日期为准。

第五条　施工设计变更

甲方根据工程实际情况需要，可以对施工设计进行部分变更，乙方必须遵照执行，因施工设计变更造成的工程量增减，根据实际工程量结算。

第六条　双方负责事项

1. 甲方：合同签订后，向乙方提供有关技术要求和图纸；组织乙方和设计单位参加施工图纸交底，并做好各方共同签署的交底纪要；监督乙方工程进度及质量。

2. 乙方

(1)自备工程所需要的加工器械和施工工具；

(2)做好材料和设备的检验、管理；

(3)严格按照施工图与说明书进行施工，确保工程质量，按合同规定的时间如期完工和交付。

(4)在合同规定的保修期内，对属于乙方负责的工程质量问题，负责无偿修理。

(5)负责提供现场的二、三级电箱，以满足现场的施工要求，使用的电箱要符合有关安全技术规范的要求，承担施工用电费用。

(6)负责及时收集、清运现场施工垃圾,并对所属施工区域安排专人进行清扫,确保施工现场整洁。

(7)负责竣工验收完成交付甲方之前半成品及成品的保护工作。

第八条　安全生产

1. 乙方必须认真贯彻有关安全施工的规章制度,进行安全技术培训,设置安全保障设施,自费办理工伤保险,严格遵守安全操作规程,施工中如发生伤亡事故,其损失由乙方负责。

2. 在施工过程中,造成的火灾事故,由乙方负责。

第九条　工程价款的支付与结算

1. 本工程总价一次包死,不再调整。

2. 工队进场预付总价款的____%;按工程进度付款,此月支付至已完成工程价款的____%;工程竣工验收合格结算完毕交付后____天内,甲方付至总价款的____%。

3. 余____%为工程质量保证金,质保期为____年,到期后付清。

4. 施工图中已反映的内容,如属漏报,则认为已包含在其他相关项中,不再增补。

第十条　违约责任与奖励规定

1. 乙方在工程的施工管理中对于材料的使用,应坚持合理用料、节约用料的原则,严禁超标准用料,超标准用料造成甲方的超额支出损失,在工程费用结算时从乙方承包费中扣除。

2. 乙方工程质量不符合合同规定的,负责无偿修理或返工。由于修理返工造成逾期交付的,按合同总价的10%偿付逾期违约金,并赔偿甲方实际损失。

3. 乙方工程交付时间不符合规定,乙方按合同总价的10%偿付逾期违约金。

4. 甲方未能按照合同的规定履行自己应负的责任,除竣工日期得以顺延外,还应赔偿乙方因此发生的实际损失。

5. 甲方不能按照合同约定支付承包费用,按照同期银行借款利息支付违约金,甲方无正当理由提前解除合同,应承担合同价款10%的违约金。

第十一条　争议的解决方式

合同执行过程中如发生争议,双方应及时协商解决。协商不成,可直接向甲方住所地人民法院起诉。

第十二条　附则

其他本合同未言明事项,一律按《中华人民共和国合同法》和其他相关法律、法规规定执行。

本合同经双方签字或盖章后生效,至合同工程竣工交验,结清工程尾款,保修期满后自然失效。

本合同一式二份,其中甲方、乙方各执一份。

附件:《设计图纸及要求》

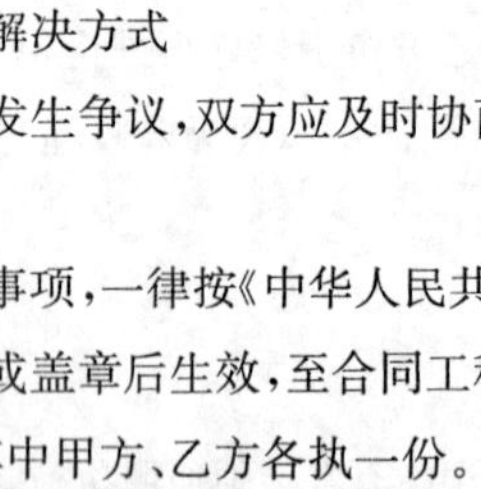

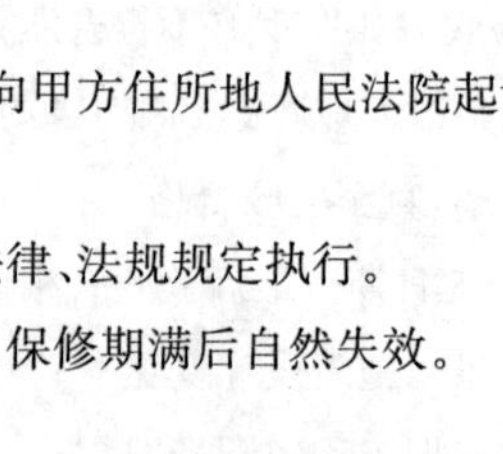

甲　方:金华市五湖机械有限公司　　　　乙　方:金华市第二建筑公司

签约日期:××××年12月25日　　　　签约日期:××××年12月25日

表 81－2

金华市建筑安装统一发票

全国统一发票监制章　浙江省　国家税务总局监制

建设单位：金华市第二建筑公司　　　　代码：5480000580679

日期：××××年 12 月 25 日　　　　号码：000489598

工程名称	质式结构	工程进度	进度款或结算款	金额								
				百	十	万	千	百	十	元	角	分
仓库工程款					2	0	0	0	0	0	0	0
人民币（大写）	贰拾万元整			小写￥200 000.00								
工程款决算情况	工程预收款											

第二联　发票联

金华市第二建筑公司　财务专用章

收款单位发票专用章：　　　财务：　　　开票：刘进

表 81－3

中国工商银行
转账支票存根

支票号码：XⅡ 415146

科　　目：

对方科目：

签发日期：××××年 12 月 25 日

收款人：金华市第二建筑公司
金　额：￥200 000.00
用　途：支付工程款
备　注：

单位主管：　　　　会计：

表 82－1

浙江省增值税专用发票

全国统一发票监制章 浙江省 国家税务总局监制

发票联

№ 04838774

开票日期：××××年 12 月 25 日

购货单位	名　　称：金华市五湖机械有限公司 纳税人识别号：110199514160154 地 址 、电 话：金华市长安里 888 号 开户行及账号：工行长安里支行 81451058675081002			密码区	245687478/>+<1248<－< 加密版本：01 ＊＋－－457－</148<－22－45 8641516972 ＊－4－78>879458136845<7+0 14785412 9/92/279>>－>98>><1 478131		
货物或应税劳务名称	规格型号	单位	数 量	单 价	金　额	税 率	税　额
12 月份的广告费					10 000.00	6%	600.00
合计					￥10 000.00		￥600.00
价税合计(大写)	壹万零陆佰元整				(小写)￥10 600.00		
销货单位	名　　称：金华阳光广告有限公司 纳税人识别号：420563426735637 地 址 、电 话：金华市密云路 7 号 开户行及账号：工商银行五里支行 42045276341			备注	金华阳光广告有限公司 财务专用章		

收款人：方露　　复核：　　开票人：王高　　销货单位：

第二联　发票联　购货方记账凭证

表 82－2

浙江省增值税专用发票

全国统一发票监制章 浙江省 国家税务总局监制

抵扣联

№ 04838774

开票日期：××××年 12 月 25 日

购货单位	名　　称：金华市五湖机械有限公司 纳税人识别号：110199514160154 地 址 、电 话：金华市长安里 888 号 开户行及账号：工行长安里支行 81451058675081002			密码区	245687478/>+<1248<－< 加密版本：01 ＊＋－－457－</148<－22－45 8641516972 ＊－4－78>879458136845<7+0 14785412 9/92/279>>－>98>><1 478131		
货物或应税劳务名称	规格型号	单位	数 量	单 价	金　额	税 率	税　额
12 月份的广告费					10 000.00	6%	600.00
合计					￥10 000.00		￥600.00
价税合计(大写)	壹万零陆佰元整				(小写)￥10 600.00		
销货单位	名　　称：金华阳光广告有限公司 纳税人识别号：420563426735637 地 址 、电 话：金华市密云路 7 号 开户行及账号：工商银行五里支行 42045276341			备注	金华阳光广告有限公司 发票专用章		

收款人：方露　　复核：　　开票人：王高

第一联　抵扣联　购货方抵扣凭证

表 82—3

中国工商银行
转账支票存根

支票号码:XⅡ 415147

科　　目:

对方科目:

签发日期:××××年 12 月 25 日

收款人:金华阳光广告有限公司
金　额:¥10 600.00
用　途:支付广告款
备　注:

单位主管:　　　　　会计:

表 83—1

固定资产清查报告表

××××年 12 月 25 日

名称及规格	计量单位	盘盈			盘亏			损毁			原因
		数量	重置价值	估计已提折旧	数量	原价	已提折旧	数量	原价	已提折旧	
生产设备	台							1	24 000	18 400	正常报废
厂房	m^2							100	50 000	9 000	自然灾害
合　计									74 000	27 400	

保管部门主管:　　　　清查人:胡雨　　　　制单人:李涛

表 84—1

浙江省废旧物资收购统一发票

发票联

发票代码:001785962573

发票号码:00178566

××××年 12 月 25 日

<table>
<tr><td>出售单位(人)</td><td>金华市五湖机械有限公司</td><td>地 址</td><td colspan="9">金华市长安里 888 号</td></tr>
<tr><td colspan="2" rowspan="2">品名及规格</td><td rowspan="2">等级</td><td rowspan="2">单位</td><td rowspan="2">数量</td><td rowspan="2">单价</td><td colspan="7">金额</td></tr>
<tr><td>万</td><td>千</td><td>百</td><td>十</td><td>元</td><td>角</td><td>分</td></tr>
<tr><td colspan="2">报废机器</td><td></td><td>kg</td><td>400</td><td>0.5</td><td></td><td>¥</td><td>2</td><td>0</td><td>0</td><td>0</td><td>0</td></tr>
<tr><td colspan="2"></td><td></td><td></td><td></td><td></td><td></td><td></td><td></td><td></td><td></td><td></td><td></td></tr>
<tr><td colspan="2"></td><td></td><td></td><td></td><td></td><td></td><td></td><td></td><td></td><td></td><td></td><td></td></tr>
<tr><td colspan="8">金额(大写)贰佰元整</td><td colspan="5">¥200.00</td></tr>
</table>

②发票联

收购单位(章)　　　收款人:　　　　开票人:张波　　　　付款人:

表 85－1

金华市五湖机械有限公司职工困难补助发放清单

××××年 12 月 25 日　　单位：元

姓名	困难补助的主要原因	批准金额	领取人签名
李　好	略	290.00	略
		290.00	

人数	1	领导批示	同意 王平 12.25	合计	人民币(大写)贰佰玖拾元整

会计主管：　　复核：孙立　　制单：徐清

表 86－1

浙江省增值税专用发票

全国统一发票监制章 浙江省 国家税务总局监制

发票联

№ 04838469

开票日期：××××年 12 月 25 日

购货单位	名　　称：金华市五湖机械有限公司 纳税人识别号：110199514160154 地 址 、电 话：金华市长安里 888 号 开户行及账号：工行长安里支行 81451058675081002	密码区	245687478/＞＋＜1248＜－＜ 加密版本：01 ＊＋－－457－＜/148＜－22－45 8641516972 ＊－4－78＞879458136845＜7＋0 14785412 9/92/279＞＞－＞98＞＞＜1 478131

货物或应税劳务名称	规格型号	单位	数 量	单 价	金　额	税 率	税　额
报刊					4 500.00	17%	765.00
合计					￥4 500.00	17%	￥765.00
价税合计(大写)	伍仟贰佰陆拾伍元整				(小写)￥5 265.00		

销货单位	名　　称：金华市邮政局 纳税人识别号：420563426735657 地 址 、电 话：金华市中山北路 110 号 开户行及账号：工行中山北路支行 42045276356	备注	金华市邮政局 发票专用章

收款人：　　复核：　　开票人：卜可　　销货单位：

第二联　发票联　购货方记账凭证

表 86－2

浙江省增值税专用发票

抵扣联

№ 04838469

开票日期：××××年 12 月 25 日

购货单位	名　　称：金华市五湖机械有限公司 纳税人识别号：110199514160154 地 址 、电 话：金华市长安里 888 号 开户行及账号：工行长安里支行 81451058675081002	密码区	245687478/＞＋＜1248＜－＜ 加密版本：01 ＊＋－－457－＜/148＜－22－45 8641516972 ＊－4－78＞879458136845＜7＋0 14785412 9/92/279＞＞－＞98＞＞＜1 478131

货物或应税劳务名称	规格型号	单位	数 量	单 价	金　额	税 率	税　额
报刊					4 500.00	17%	765.00
合计					￥4 500.00	17%	￥765.00
价税合计(大写)	伍仟贰佰陆拾伍元整				（小写）￥5 265.00		

销货单位	名　　称：金华市邮政局 纳税人识别号：420563426735657 地 址 、电 话：金华市中山北路 110 号 开户行及账号：工行中山北路支行 42045276356	备注	

收款人：　　复核：　　开票人：卜可　　销货单位：

第一联　抵扣联　购货方抵扣凭证

表 86－3

中国工商银行
转账支票存根

支票号码：XⅡ 415148

科　　目：

对方科目：

签发日期：××××年 12 月 25 日

收款人：金华市邮政局
金　额：￥5 265.00
用　途：支付报刊费
备　注：

单位主管：　　　　会计：

表 87—1

浙江省增值税专用发票

发票联

№ 04838774

开票日期：××××年 12 月 26 日

购货单位	名　　称：金华市五湖机械有限公司 纳税人识别号：110199514160154 地 址 、电 话：金华市长安里 888 号 开户行及账号：工行长安里支行 81451058675081002	密码区	245687478/>+<1248<−< 加密版本：01 *+−−457−</148<−22−45 8641516972 *−4−78>879458136845<7+0 14785412 9/92/279>>−>98>><1 478131

货物或应税劳务名称	规格型号	单位	数量	单价	金额	税率	税额
包装箱		只	60	85	5 100.00	17%	867.00
合计					¥5 100.00	17%	¥867.00
价税合计(大写)	伍仟玖佰陆拾柒元整					(小写)¥5 967.00	

销货单位	名　　称：金华联丰建材经营部 纳税人识别号：420563426735637 地 址 、电 话：金华市中山南路 118 号 开户行及账号：工行中山南路支行 42045276341	备注	

收款人：　　复核：　　开票人：何小明　　销货单位：(章)

第二联　发票联　购货方记账凭证

表 87—2

浙江省增值税专用发票

抵扣联

№ 04838859

开票日期：××××年 12 月 26 日

购货单位	名　　称：金华市五湖机械有限公司 纳税人识别号：110199514160154 地 址 、电 话：金华市长安里 888 号 开户行及账号：工行长安里支行 81451058675081002	密码区	245687478/>+<1248<−< 加密版本：01 *+−−457−</148<−22−45 8641516972 *−4−78>879458136845<7+0 14785412 9/92/279>>−>98>><1 478131

货物或应税劳务名称	规格型号	单位	数量	单价	金额	税率	税额
包装箱		只	60	85	5 100.00	17%	867.00
合计					¥5 100.00	17%	¥867.00
价税合计(大写)	伍仟玖佰陆拾柒元整					(小写)¥5 967.00	

销货单位	名　　称：金华联丰建材经营部 纳税人识别号：420563426735637 地 址 、电 话：金华市中山南路 118 号 开户行及账号：工行中山南路支行 42045276341	备注	

收款人：　　复核：　　开票人：何小朋　　销货单位：(章)

第一联　抵扣联　购货方抵扣凭证

表 87－3

中国工商银行
转账支票存根

支票号码:XⅡ 415149

科　　目:

对方科目:

签发日期:××××年 12 月 26 日

收款人:金华联丰建材经营部
金　额:¥5 967.00
用　途:购入包装箱
备　注:

单位主管:　　　　会计:

表 87－4

收　料　单

收料部门:仓库　　　　××××年 12 月 26 日　　　　收字第　　号

种类	编号	名称	规格	数量	单位	单价	成本总额									
							千	百	十	万	千	百	十	元	角	分
		包装箱		60	只	85.00					5	1	0	0	0	0
备注										¥	5	1	0	0	0	0

第三联　财务记账

负责人:孙立　　　记账:李涛　　　验收:张华　　　填单:刘为

表 88－1

浙江省增值税专用发票

全国统一发票监制章
发票联
浙江省
国家税务总局监制

№ 04832690

开票日期：××××年 12 月 26 日

购货单位	名　　称：金华市五湖机械有限公司 纳税人识别号：110199514160154 地 址 、电 话：金华市长安里 888 号 开户行及账号：工行长安里支行 81451058675081002	密码区	245687478/＞＋＜1248＜－＜ 加密版本：01 ＊＋－－457－＜/148＜－22－45 8641516972 ＊－4－78＞879458136845＜7＋0 14785412 9/92/279＞＞－＞98＞＞＜1 478131

货物或应税劳务名称	规格型号	单位	数 量	单 价	金　额	税 率	税　额
水泥		吨	9	1 000	9 000.00	17%	1 530.00
合计					￥9 000.00	17%	￥1 530.00
价税合计(大写)	壹万零伍佰叁拾元整				(小写)￥10 530.00		

销货单位	名　　称：金华联丰建材经营部 纳税人识别号：420563426735637 地 址 、电 话：金华市中山南路 118 号 开户行及账号：工行中山南路支行 42045276341	备注	金华联丰建材经营部 ★ 发票专用章

收款人：　　复核：　　开票人：何小明　　销货单位：(章)

第二联　发票联　购货方记账凭证

表 88－2

浙江省增值税专用发票

全国统一发票监制章
抵扣联
浙江省
国家税务总局监制

№ 04832690

开票日期：××××年 12 月 26 日

购货单位	名　　称：金华市五湖机械有限公司 纳税人识别号：110199514160154 地 址 、电 话：金华市长安里 888 号 开户行及账号：工行长安里支行 81451058675081002	密码区	245687478/＞＋＜1248＜－＜ 加密版本：01 ＊＋－－457－＜/148＜－22－45 8641516972 ＊－4－78＞879458136845＜7＋0 14785412 9/92/279＞＞－＞98＞＞＜1 478131

货物或应税劳务名称	规格型号	单位	数 量	单 价	金　额	税 率	税　额
水泥		吨	9	1 000	9 000.00	17%	1 530.00
合计					￥9 000.00	17%	￥1 530.00
价税合计(大写)	壹万零伍佰叁拾元整				(小写)￥10 530.00		

销货单位	名　　称：金华联丰建材经营部 纳税人识别号：420563426735637 地 址 、电 话：金华市中山南路 118 号 开户行及账号：工行中山南路支行 42045276341	备注	金华联丰建材经营部 ★ 发票专用章

收款人：　　复核：　　开票人：何小明　　销货单位：(章)

第一联　抵扣联　购货方抵扣凭证

表 88－3

中国工商银行
转账支票存根

支票号码：XⅡ 415150

科　　目：

对方科目：

签发日期：××××年 12 月 26 日

收款人：金华联丰建材经营部
金　额：￥10 530.00
用　途：购入工程物资
备　注：

单位主管：　　　　会计：

表 88－4

收 料 单

收料部门：仓库　　　　××××年 12 月 26 日　　　　收字第　　号

种类	编号	名称	规格	数量	单位	单价	成本总额									
							千	百	十	万	千	百	十	元	角	分
		水泥		9	吨	1 000.00					9	0	0	0	0	0
备注										￥	9	0	0	0	0	0

第三联 财务记账

负责人：孙立　　　记账：李涛　　　验收：张华　　　填单：刘为

表 89—1

金华市五湖机械有限公司
金华市东风机械厂　　**联营投资协议书(代合同)**

……

第四条：

“投出货币资金 500 000 元，持股比例达到 51%。投资期从××××年 12 月 27 日起到××××年 12 月 27 日止。”

……

甲方(盖章)：　　　　　　　　　　乙方(盖章)：

法定代表人：王平　　　　　　　　法定代表人：陈培良

签约地点：金华市长安里 888 号　　日期：××××年 12 月 26 日

表 89—2

中 国 工 商 银 行
转 账 支 票 存 根

支票号码：XⅡ 415151

科　　目：

对方科目：

签发日期：××××年 12 月 26 日

收款人：金华市东风机械厂
金　额：¥500 000.00
用　途：支付投资款
备　注：

单位主管：　　　　　　会计：

表 90—1

建筑业统一发票

全国统一发票监制章
发票联
浙江省
国家税务总局监制

代票代码:213001020003

开票日期:××××年 12 月 26 日　　发票号码:00278004

机打代码 机打号码 机器号码	213001020001 00278001 0098292211	税控码	245687478/>+<1248<−< 加密版本:01 *+−−457−</148<−22−45 8641516972 *−4−78>879458136845<7+0 14785412 9/92/279>>−>98>><1 478131		
付款方名称	金华市五湖机械有限公司	身份证/组织机构代码/纳税人识别号	110199514160154	是否为总包人	
收款方名称	金华市建筑安装工程有限公司	身份证/组织机构代码/纳税人识别号	130602700920895	是否为分包人	
工程项目名称	工程项目编号	结算项目	金额	完税凭证号码(代扣代缴税款)	
办公楼维修		维修费	14 000.00		
合计金额(元)(大写)壹万肆仟元整			¥14 000.00		
备注:			主管税务机关及代码		

开票人:马荣　　开票单位签章:　　收款方签章:

金华市建筑安装工程有限公司
发票专用章

表 91—1

成交过户交割凭单

12/27/××××

买

股东编号:A129626400(存)	成交证券:大华股份
电脑编号:548167	成交数量:10 000
公司代码:975	成交价格:10.00
申请编号:888	成交金额:100 000.00
申报时间:15:16:42	标准佣金:400.00
成交时间:15:17:10	过户费用:5.00
上次余额(股)	印 花 税:500.00
本次成交:10 000	应付金额:100 905.00
本次余额:5 000	附加费用:0.00
本次库存:5 000	实付金额:100 905.00
经办单位:________	客户签章:赵方

金华证券红庙营业所
业务专用章

编者注:开立股票资金户有关业务及手续略，分类为交易性金融资产。

表 92—1

金华市五湖机械有限公司流动资金损失核销单

××××年12月27日

××××年		单　位	款项内容	金　额	报批原因
月	日				
5	3	湖南长沙汽配公司	甲产品	5 100.00	当时该公司以货未收到为由拒付，几年来去人查核三次，去信联系多次均无着落，现因相隔时间长，难以查实，为此要求作呆账损失处理。
经办人：孙立					领导意见：同意 ××××年12月27日

会计主管：　　复核：孙立　　制单：吴江

表 93—1

房产税计算表

××××年12月28日

项　目	××××年底	××××年11月止	小　计	年税率	应交税额
生产用房 非生产用房	120 000.00 80 000.00		120 000.00 80 000.00		
合　计			200 000.00	70%×1.2%	1 680.00

复核：孙立　　制单：李涛

表 94—1

车船税计算表

××××年12月28日　　单位：元

项　目	年定额税	年税额
2.4 排量丰田汽车 2 辆	1 000.00	2 000.00
合　计		2 000.00

复核：孙立　　制单：李涛

表 95—1

外购水费分配表

××××年 12 月 31 日

项目 应借科目	耗用量（立方）	单价	金额	共同耗用分配		
				分配标准（生产工人工资）	分配率	金 额
制造费用	480			×	×	×
管理费用	220			×	×	×
销售费用	98			×	×	×
合计	798	2.50		×	×	×

审核:孙立　　　　记账:　　　　制表:吴江

表 96—1

外购电费分配表

××××年 12 月 31 日

项目 应借科目			耗用量（立方）	单价	金额	共同耗用分配		
						分配标准（产品生产工时）	分配率	金 额
生产成本	基本生产成本	甲产品				90 小时		
		乙产品				110 小时		
		小计	1 200			200 小时		
制造费用			400			×	×	×
管理费用			300			×	×	×
销售费用			100			×	×	×
合计			2 000	0.50	1 000	×	×	×

审核:孙立　　　　记账:　　　　制表:吴江

表 97—1

金华市五湖机械有限公司工资结算表

××××年 12 月 31 日　　单位：元

编号	姓名	部门	基本工资	津贴	奖金	缺勤应扣		应付工资	代扣款项		实发工资	签收人
						事假	迟到早退		代扣税款	其他代扣		
101	王政	行政	5 000.00	1 000.00	500.00	0.00	0.00	6 500.00	100.00		6 400	王政
102	张芳	行政	2 720.00	500.00	200.00	0.00	0.00	3 420.00	48.00		3 372	张芳
…		行政	…	…	…	…	…	…	…	…		…
小计			28 000.00	3 000.00	2 000.00	0.00	0.00	33 000.00	1 450.00		31 550	
201	李忆欣	人资	3 100.00	600.00	300.00	0.00	0.00	4 000.00	55.00		3 945	李忆欣
202	胡和平	人资	1 850.00	300.00	200.00	0.00	0.00	2 350.00	20.00		2 330	胡和平
…		人资	…	…	…	…	…	…	…	…		…
小计			15 000.00	1 400.00	700.00	0.00	0.00	17 100.00	690.00		16 410	
301	孙立	财务	3 700.00	700.00	400.00	0.00	0.00	4 800.00	60.00		4 740	孙立
302	吴静	财务	800.00	200.00	200.00	0.00	0.00	1 200.00	10.00		1 190	吴静
…		财务	…	…	…	…	…	…	…	…		…
小计			21 000.00	1 900.00	800.00	0.00	0.00	23 700.00	840.00		22 860	
401	黄百丽	销售	4 450.00	900.00	400.00	0.00	0.00	5 750.00	80.00		5 670	黄百丽
402	余海	销售	2 700.00	500.00	200.00	0.00	20.00	3 380.00	40.00		3 340	余海
…		销售	…	…	…	…	…	…	…	…		…
小计			20 000.00	1 900.00	1 800.00	0.00	20.00	23 600.00	790.00		22 810	
501	马莉	采购	3 400.00	210.00	1 700.00	0.00	20.00	5 290.00	198.00		5 092	马莉
502	向伟	采购	2 800.00	180.00	1 700.00	0.00	0.00	4 680.00	105.00		4 575	向伟
…		采购	…	…	…	…	…	…	…	…		…
小计			6 000.00	420.00	1 300.00	0.00	20.00	7 700.00	430.00		7 270	
601	林冰	车间	3 600.00	700.00	400.00	0.00	0.00	4 700.00	58.00		4 642	林冰
602	李好	车间	2 200.00	500.00	200.00	110.00	0.00	2 790.00	42.00		2 748	李好
…		车间	…	…	…	…	…	…	…	…		…
小计			364 700.00	3 500.00	27 200.00	500.00	0.00	394 900.00	1 650.00		393 250	
合计			454 700.00	12 040.00	33 800.00	500.00	20.00	500 000.00	5 850.00		494 150	

批准：王振　　审核：孙立　　部门负责人：孙立　　制表：张晶

表 97—2

金华市五湖机械有限公司工资结算汇总表

××××年 12 月 31 日　　单位：元

编号	部门	基本工资	津贴	奖金	缺勤应扣		应付工资	代扣款项		实发工资
					事假	迟到早退		代扣税款	其他代扣	
1	行政办公室	28 000.00	3 000.00	2 000.00	0.00	0.00	33 000.00	1 450.00	0.00	31 550.00
2	人力资源部	15 000.00	1 400.00	700.00	0.00	0.00	17 100.00	640.00	0.00	16 410.00
3	财务部	21 000.00	1 900.00	800.00	0.00	0.00	23 700.00	840.00	0.00	22 860.0
4	销售机构	20 000.00	1 820.00	1 800.00	0.00	20.00	23 600.00	750.00	0.00	22 810.00
5	采购部	6 000.00	420.00	1 300.00	0.00	20.00	7 700.00	430.00	0.00	7 270.00
6	车间生产人员	355 700.00	2 800.00	25 000.00	500.0	0.00	383 000.00	1 170.00	0.00	381 830.00
7	车间管理人员	9 000.00	700.00	2 200.00	0.00	0.00	11 900.00	480.00	0.00	11 420.00
合　计		454 700.00	12 040.00	33 800.00	500.0	40.00	500 000.00	5 760.00	0.00	494 150.00

审核：孙立　　　　部门负责人：孙立　　　　制表：张晶

表 97—3

工资费用分配表

××××年 12 月 31 日

项　目 / 应借科目			共同耗用分配表			
			分配标准（产品生产工时）		分配率	金额
			配件生产	装配		
生产成本	基本生产成本	甲产品	70 小时	20 小时		
		乙产品	90 小时	20 小时		
		小计	160 小时	40 小时		
制造费用			×		×	
管理费用			×		×	
销售费用			×		×	
合　计			×		×	

审核：孙立　　　　制表：吴江

表 98－1

固定资产折旧计算表

××××年 12 月 31 日

使用单位	固定资产类别	月初应计提固定资产原值	月折旧率(%)	月折旧额
基本生产车间	机器设备	860 000	0.83	
	房屋及建筑物	1 000 000	0.21	
	小　计	1 860 000		
公司管理部门	运输设备(自用)	280 000	0.83	
	运输设备(出租)	200 000	0.83	
	办公设备	50 000	0.83	
	房屋及建筑物	800 000	0.21	
	小　计	1 330 000		
销售机构	房屋及建筑物	200 000	0.21	
	办公设备	10 000	0.83	
	小　计	210 000		
合　计		3 400 000		

审核:孙立　　　　制表:李涛

表 99－1

无形资产摊销计算表

××××年 12 月 31 日

无形资产原值	摊销年限	摊销金额

审核:孙立　　　　制表:李涛

表 100－1

工会经费、社会保险费用计提表

××××年 12 月 31 日

计提基数	计提比例	金　额	
		应提工会经费	应提社会保险费

审核:孙立　　　　制单:吴江

表 101－1

坏账准备计提明细表

××××年 12 月 31 日

项　目	金额	计提比例	坏账准备账户年末余额	计提前坏账准备账户余额		应计提或冲销的金额	
				借方	贷方	计提金额	冲销金额
应收账款账户期末余额							
其他应收款账户期末余额							
合　计		10%					

审核:孙立　　　　制单:吴江

表 102－1

发出材料汇总表

××××年 12 月 31 日　　　　单位:吨

借方科目		A 材料		B 材料		C 材料		D 材料		金额合计
总账	明细账	数量	金额	数量	金额	数量	金额	数量	金额	
生产成本	甲产品									
	乙产品									
制造费用										
管理费用										
销售费用										
其他业务成本										
合　计										

审核:黄改云　　　　制单:刘为

表 103－1

制造费用分配表

××××年 12 月 31 日

项　目 分配对象	生产工时(实际)		分配率	应分配费用
	配件生产	装配		
甲产品	70 小时	20 小时		
乙产品	90 小时	20 小时		
合计	160 小时	40 小时		

审核:孙立　　　　制单:吴江

表 104－1

月末在产品成本计算表

××××年 12 月 31 日　　单位：台

项　目	甲产品			乙产品		
	在产品数量	完工程度	约当产量	在产品数量	完工程度	约当产量
生产车间	30	80%		25	60%	
合　计	30	80%		25	60%	

主管：孙立　　复核：孙立　　制表：吴江

表 104－2

产品成本计算表

车间名称：　　××××年 12 月 31 日　　完工产量：140

成品名称：甲产品　　在产品数量：30

单位：元

项　目	直接材料	直接人工	制造费用	合　计
期初在产品成本	213 306.10	76 180.75	15 236.15	304 723
本期生产成本				
合计				
完工产品成本				
单位产品成本				
月末在产品成本				

主管：孙立　　复核：孙立　　制表：吴江

表 104－3

产品成本计算表

车间名称：　　××××年 12 月 31 日　　完工产量：100

成品名称：乙产品　　在产品数量：25

单位：元

项　目	直接材料	直接人工	制造费用	合　计
期初在产品成本	206 693.9	73 819.25	14 763.85	295 277
本期生产成本				
合计				
完工产品成本				
单位产品成本				
月末在产品成本				

主管：孙立　　复核：孙立　　制表：吴江

表 104－4

完工产品成本汇总表

××××年 12 月 31 日

项目 产品名称	直接材料	直接人工	制造费用	完工产品总成本	完工产品产量	单位成本
甲产品						
乙产品						
合　计						

审核:孙立　　记账:孙立　　制单:吴江

表 104－5

入　库　单

收料部门:仓库　　××××年 12 月 31 日　　专字第 5 号

种类	编号	名称	规格	数量	单位	单价	成本总额									
							千	百	十	万	千	百	十	元	角	分
完工产品		甲产品		140	台											
完工产品		乙产品		100	台											
备注																

负责人:张丽　　记账:张丽　　验收:张华　　填单:刘为

表 105－1

产品销售成本计算表

××××年 12 月 31 日

产品名称	期初库存		本期入库		合　计			本期销售	
	数量	金额	数量	金额	数量	单位成本	金额	数量	金额
甲产品									
乙产品									
合　计									

审核:孙立　　记账:吴江　　制单:李三

表 106－1

出　库　单

发货仓库:仓库　　第　　号

提货单位:陕西省×××中心小学　　××××年 12 月 31 日

类别	编号	名称型号	单位	应发数量	实发数量	单位成本	金　额
产品		甲产品	台	5	5	5 120.00	25 600.00
合　计							¥25 600.00

第三联　财务记账

负责人:　　经发:　　保管:黄改云　　填单:李三

表 106－2

捐赠协议书

甲方(捐赠人):金华市五湖机械有限公司

乙方(受赠人):陕西省×××中心小学

为增进公共卫生事业的发展,共同为构建和谐社会做出贡献,根据《中华人民共和国公益事业捐赠法》、《基金会管理条例》、《中华人民共和国合同法》等法律法规,经甲乙双方平等协商,达成如下协议:

第一条　甲方自愿将下述第__2__项之财产(以下简称"捐赠财产")无偿捐赠乙方,乙方同意接受下述捐赠财产。

1. 现金:(人民币/其他________)(大写)____________________。

2. 动产:(名称、数量、质量、价值)______甲产品　5台　总成本 25 960.80 元______。

3. 不动产:(该不动产所处的详细位置、状况及所有权证明)__________________________。

第二条　甲方保证捐赠财产系其所有之合法财产,且有权捐赠乙方,并保证所捐赠财产无权利和质量瑕疵。

第三条　捐赠财产用途(是/否具体指定):所赠甲产品用于学校教学和孩子学习、练习使用。

第四条　甲方应按下述时间、地点及方式向乙方交付捐赠财产:

1. 交付时间:____××××年 12 月 31 日____。

2. 交付地点:____×××________________。

3. 交付方式:____现场捐与方式____________。

第五条　捐赠财产的所有权因捐赠交付而转移乙方,依法需要办理登记等手续的,甲乙双方共同办理相关手续。

第六条　乙方收到甲方捐赠财产后,应出具合法、有效的财务接收凭证,并登记造册,妥善管理和使用。

第七条　甲方有权向乙方查询捐赠财产的使用、管理情况,并提出意见和建议。对于甲方的查询,乙方应在十个工作日内如实按照约定方式给予答复。

第八条　本协议成立后,捐赠财产交付前,因故致使捐赠财产毁损、灭失的,甲方承担相关责任。

第九条　因捐赠财产权利瑕疵而致第三方向乙方追索,或因捐赠财产质量瑕疵使乙方或受益人人身或财产遭受损失的,甲方应赔偿因此造成的全部直接及间接损失。

第十条　乙方应按照本协议约定用途使用捐赠财产,确需改变用途的,应商甲方书面同意。对不易储存、运输和超过实际需要的非货币性捐赠财产,乙方有权直接依法变现,所得价款用于捐赠目的。

第十一条　本协议自甲乙双方法定代表人或授权代表签章之日起生效。本捐赠为公益行为,协议成立后,不能撤销,受法律保护。

第十二条　本协议在履行过程中发生的争议,由双方协商解决;协商不成的,任意一方有权向乙方住所地人民法院起诉。

第十三条　其他约定事项:____甲方只一次性提供 5 台甲产品,不负责其今后的维护和保养____。

第十四条　本协议一式两份,双方各执壹份,具同等法律效力。

甲方(签名/盖章):金华市五湖机械有限公司
住所:
法定代表人/授权签约代表:王平
联系电话:0579－88556699

(印章:金华市五湖机械有限公司 3302060590900)

乙方(盖章):陕西省×××中心小学
住所:
法定代表人/授权签约代表:×××
联系电话:××××××××
签订时间:××××年 12 月 31 日
签订地点:××××××××

(印章:陕西省×××中心小学 3302060590607)

表 107－1

应交增值税计算表

××××年 12 月 31 日

项　目	金　额	备　注
销项税额		
加:进项税额转出		
出口退税		
减:进项税额		
已交税款		
减免税款		
出口抵减内销产品应纳税额		
应交增值税		

审核:孙立　　　　制表:韩江

编者注:增值税专用发票抵扣联已经过主管税务机关认证。

表 108－1

应交城市维护建设税及教育费附加计算表

××××年 12 月 31 日

项　目	计提基数				比例	计 提 金 额
	应交增值税	营业税	消费税	合　计		列入营业税金及附加
城市维护建设税					7%	
教育费附加					3%	
地方教育费附加					2%	
合　计						

审核:孙立　　　　制表:韩江

表 109－1

企业所得税计算表

××××年 12 月 31 日

年应纳税所得额	适用税率	年应纳所得税额	减免、抵免所得税额	已预缴所得税额	应补(退)所得税额
	25%				

审核:孙立　　　　制表:韩江

表 110－1

损益类账户结转计算表

××××年 12 月 31 日

账户名称	结转前余额		转入本年利润	
	借　方	贷　方	借　方	贷　方
主营业务收入				
其他业务收入				
主营业务成本				
其他业务成本				
营业税金及附加				
销售费用				
管理费用				
财务费用				
资产减值损失				
公允价值变动损益				
投资收益				
营业外收入				
营业外支出				
所得税费用				

审核:孙立　　制表:张琴

编者注:按规定结转本年利润。

表 111－1

利润分配计算表

××××年 12 月 31 日　　单位:元

项　目	行　次	金　额
净利润		
减:弥补企业以前年度亏损		
提取法定盈余公积		
提取任意盈余公积		
加:年初未分配利润		
盈余公积补亏		
可供投资者分配的利润		
应付给投资者的利润		

财务主管:　　审核:　　制表:吴江

实训任务：

(1)对有关业务进行账务处理并编制记账凭证。

(2)建立涉税账户明细分类账并登记明细分类账。

(3)填制本期发生额的科目汇总表。

(4)编制××××年度资产负债表和利润表。

(5)填制××××年度企业所得税年度纳税申报表，熟悉企业所得税汇算清缴程序。

资产负债表

编制单位： ××××年12月31日 单位：元

资　产	年初余额（略）	期末余额	负债和所有者权益（或股东权益）	年初余额（略）	期末余额
流动资产			流动负债		
货币资金			短期借款		
交易性金融资产			交易性金融负债		
应收票据			应付票据		
应收账款			应付账款		
预付款项			预收款项		
应收利息			应付职工薪酬		
应收股利			应交税费		
其他应收款			应付利息		
存货			应付股利		
其中：消耗性生物资产			其他应付款		
一年内到期的非流动资产			一年内到期的非流动负债		
其他流动资产			其他流动负债		
流动资产合计			流动负债合计		
非流动资产			非流动负债		
可供出售金融资产			长期借款		
持有至到期投资			应付债券		
长期应收款			长期应付款		
长期股权投资			专项应付款		
投资性房地产			预计负债		
固定资产			递延所得税负债		
在建工程			其他非流动负债		
工程物资			非流动负债合计		
固定资产清理			负债合计		
生产性生物资产			所有者权益（或股东权益）		
油气资产			实收资本（或股本）		
无形资产			资本公积		
开发支出			减：库存股		
商誉			盈余公积		
长期待摊费用			未分配利润		
递延所得税资产			所有者权益（或股东权益）合计		
其他非流动资产					
非流动资产合计					
资产总计			负债和所有者权益（或股东权益）总计		

企业负责人： 主管会计： 制表： 报出日期：××××年 月 日

利润表

编制单位： ××××年12月 单位：元

项目	本期金额	上期金额
一、营业收入		
减：营业成本		
营业税金及附加		
销售费用		
管理费用		
财务费用		
资产减值损失		
加：公允价值变动收益（损失以“—”号填列）		
投资收益（损失以“—”号填列）		
其中：对联营企业和合营企业的投资收益		
二、营业利润（亏损以“—”号填列）		
加：营业外收入		
减：营业外支出		
其中：非流动资产处置损失		
三、利润总额（亏损总额以“—”号填列）		
减：所得税费用		
四、净利润（净亏损以“—”号填列）		
五、其他综合收益		
六、综合收益总额		
七、每股收益		
（一）基本每股收益		
（二）稀释每股收益		

企业负责人： 主管会计： 制表： 报出日期：××××年 月 日

第六章　模拟企业所得税汇算清缴资料

中华人民共和国企业所得税年度纳税申报表

（A类，2014年版）

税款所属期间：　　年　月　日　至　　年　月　日

纳税人识别号：□□□□□□□□□□□□□□□□□□□□

纳税人名称：

金额单位：人民币元（列至角分）

谨声明：此纳税申报表是根据《中华人民共和国企业所得税法》、《中华人民共和国企业所得税法实施条例》、有关税收政策以及国家统一会计制度的规定填报的，是真实的、可靠的、完整的。

法定代表人（签章）：　　　　　　　　年　月　日

纳税人公章： 会计主管： 填表日期：　年　月　日	代理申报中介机构公章： 经办人： 经办人执业证件号码： 代理申报日期：　年　月　日	主管税务机关受理专用章： 受理人： 受理日期：　年　月　日

国家税务总局监制

企业所得税年度纳税申报表填报表单

表单编号	表单名称	选择填报情况	
		填 报	不填报
A000000	企业基础信息表	√	×
A100000	中华人民共和国企业所得税年度纳税申报表(A类)	√	×
A101010	一般企业收入明细表	□	□
A101020	金融企业收入明细表	□	□
A102010	一般企业成本支出明细表	□	□
A102020	金融企业支出明细表	□	□
A103000	事业单位、民间非营利组织收入、支出明细表	□	□
A104000	期间费用明细表	□	□
A105000	纳税调整项目明细表	□	□
A105010	视同销售和房地产开发企业特定业务纳税调整明细表	□	□
A105020	未按权责发生制确认收入纳税调整明细表	□	□
A105030	投资收益纳税调整明细表	□	□
A105040	专项用途财政性资金纳税调整明细表	□	□
A105050	职工薪酬纳税调整明细表	□	□
A105060	广告费和业务宣传费跨年度纳税调整明细表	□	□
A105070	捐赠支出纳税调整明细表	□	□
A105080	资产折旧、摊销情况及纳税调整明细表	□	□
A105081	固定资产加速折旧、扣除明细表	□	□
A105090	资产损失税前扣除及纳税调整明细表	□	□
A105091	资产损失(专项申报)税前扣除及纳税调整明细表	□	□
A105100	企业重组纳税调整明细表	□	□
A105110	政策性搬迁纳税调整明细表	□	□
A105120	特殊行业准备金纳税调整明细表	□	□
A106000	企业所得税弥补亏损明细表	□	□
A107010	免税、减计收入及加计扣除优惠明细表	□	□
A107011	符合条件的居民企业之间的股息、红利等权益性投资收益优惠明细表	□	□
A107012	综合利用资源生产产品取得的收入优惠明细表	□	□
A107013	金融、保险等机构取得的涉农利息、保费收入优惠明细表	□	□
A107014	研发费用加计扣除优惠明细表	□	□
A107020	所得减免优惠明细表	□	□
A107030	抵扣应纳税所得额明细表	□	□
A107040	减免所得税优惠明细表	□	□
A107041	高新技术企业优惠情况及明细表	□	□
A107042	软件、集成电路企业优惠情况及明细表	□	□
A107050	税额抵免优惠明细表	□	□
A108000	境外所得税收抵免明细表	□	□
A108010	境外所得纳税调整后所得明细表	□	□
A108020	境外分支机构弥补亏损明细表	□	□
A108030	跨年度结转抵免境外所得税明细表	□	□
A109000	跨地区经营汇总纳税企业年度分摊企业所得税明细表	□	□
A109010	企业所得税汇总纳税分支机构所得税分配表	□	□
说明:企业应当根据实际情况选择需要填表的表单。			

A000000

企业基础信息表

正常申报□	更正申报□	补充申报□

100 基本信息			
101 汇总纳税企业	是(总机构□　按比例缴纳总机构□　)　否□		
102 注册资本(万元)		106 境外中资控股居民企业	是□　否□
103 所属行业明细代码		107 从事国家非限制和禁止行业	是□　否□
104 从业人数		108 存在境外关联交易	是□　否□
105 资产总额(万元)		109 上市公司	是(境内□ 境外□) 否□

200 主要会计政策和估计			
201 适用的会计准则或会计制度	企业会计准则(一般企业□　银行□　证券□　保险□　担保□) 小企业会计准则□ 企业会计制度□ 事业单位会计准则(事业单位会计制度□　科学事业单位会计制度□　医院会计制度□　高等学校会计制度□　中小学校会计制度□　彩票机构会计制度□　) 民间非营利组织会计制度□ 村集体经济组织会计制度□ 农民专业合作社财务会计制度(试行)□ 其他□		
202 会计档案的存放地		203 会计核算软件	
204 记账本位币	人民币□　其他□	205 会计政策和估计是否发生变化	是□　否□
206 固定资产折旧方法	年限平均法□　工作量法□　双倍余额递减法□　年数总和法□　其他□		
207 存货成本计价方法	先进先出法□　移动加权平均法□　月末一次加权平均法□　个别计价法□　毛利率法□　零售价法□　计划成本法□　其他□		
208 坏账损失核算方法	备抵法□　直接核销法□		
209 所得税计算方法	应付税款法□　资产负债表债务法□　其他□		

300 企业主要股东及对外投资情况

301 企业主要股东(前 5 位)

股东名称	证件种类	证件号码	经济性质	投资比例	国籍(注册地址)

302 对外投资(前 5 位)

被投资者名称	纳税人识别号	经济性质	投资比例	投资金额	注册地址

A100000

中华人民共和国企业所得税年度纳税申报表(A类)

行次	类别	项　目	金　额
1	利润总额计算	一、营业收入(填写A101010\101020\103000)	
2		减:营业成本(填写A102010\102020)	
3		营业税金及附加	
4		销售费用(填写A104000)	
5		管理费用(填写A104000)	
6		财务费用(填写A104000)	
7		资产减值损失	
8		加:公允价值变动收益	
9		投资收益	
10		二、营业利润(1－2－3－4－5－6－7＋8＋9)	
11		加:营业外收入(填写A101010\101020)	
12		减:营业外支出(填写A102010\102020)	
13		三、利润总额(10＋11－12)	
14	应纳税所得额计算	减:境外所得(填写A108010)	
15		加:纳税调整增加额(填写A105000)	
16		减:纳税调整减少额(填写A105000)	
17		减:免税、减计收入及加计扣除(填写A107010)	
18		加:境外应税所得抵减境内亏损(填写A108000)	
19		四、纳税调整后所得(13－14＋15－16－17＋18)	
20		减:所得减免(填写A107020)	
21		减:抵扣应纳税所得额(填写A107030)	
22		减:弥补以前年度亏损(填写A106000)	
23		五、应纳税所得额(19－20－21－22)	
24	应纳税额计算	税率(25%)	
25		六、应纳所得税额(23×24)	
26		减:减免所得税额(填写A107040)	
27		减:抵免所得税额(填写A107050)	
28		七、应纳税额(25－26－27)	
29		加:境外所得应纳所得税额(填写A108000)	
30		减:境外所得抵免所得税额(填写A108000)	
31		八、实际应纳所得税额(28＋29－30)	
32		减:本年累计实际已预缴的所得税额	
33		九、本年应补(退)所得税额(31－32)	
34		其中:总机构分摊本年应补(退)所得税额(填写A109000)	
35		财政集中分配本年应补(退)所得税额(填写A109000)	
36		总机构主体生产经营部门分摊本年应补(退)所得税额(填写A109000)	
37	附列资料	以前年度多缴的所得税额在本年抵减额	
38		以前年度应缴未缴在本年入库所得税额	

A101010

一般企业收入明细表

行 次	项　　目	金 额
1	一、营业收入(2+9)	
2	(一)主营业务收入(3+5+6+7+8)	
3	1. 销售商品收入	
4	其中:非货币性资产交换收入	
5	2. 提供劳务收入	
6	3. 建造合同收入	
7	4. 让渡资产使用权收入	
8	5. 其他	
9	(二)其他业务收入(10+12+13+14+15)	
10	1. 销售材料收入	
11	其中:非货币性资产交换收入	
12	2. 出租固定资产收入	
13	3. 出租无形资产收入	
14	4. 出租包装物和商品收入	
15	5. 其他	
16	二、营业外收入(17+18+19+20+21+22+23+24+25+26)	
17	(一)非流动资产处置利得	
18	(二)非货币性资产交换利得	
19	(三)债务重组利得	
20	(四)政府补助利得	
21	(五)盘盈利得	
22	(六)捐赠利得	
23	(七)罚没利得	
24	(八)确实无法偿付的应付款项	
25	(九)汇兑收益	
26	(十)其他	

A101020

金融企业收入明细表

行次	项目	金额
1	一、营业收入(2+18+27+32+33+34)	
2	(一)银行业务收入(3+10)	
3	1. 利息收入(4+5+6+7+8+9)	
4	(1)存放同业	
5	(2)存放中央银行	
6	(3)拆出资金	
7	(4)发放贷款及垫资	
8	(5)买入返售金融资产	
9	(6)其他	
10	2. 手续费及佣金收入(11+12+13+14+15+16+17)	
11	(1)结算与清算手续费	
12	(2)代理业务手续费	
13	(3)信用承诺手续费及佣金	
14	(4)银行卡手续费	
15	(5)顾问和咨询费	
16	(6)托管及其他受托业务佣金	
17	(7)其他	
18	(二)证券业务收入(19+26)	
19	1. 证券业务手续费及佣金收入(20+21+22+23+24+25)	
20	(1)证券承销业务	
21	(2)证券经纪业务	
22	(3)受托客户资产管理业务	
23	(4)代理兑付证券	
24	(5)代理保管证券	
25	(6)其他	
26	2. 其他证券业务收入	
27	(三)已赚保费(28-30-31)	
28	1. 保险业务收入	
29	其中:分保费收入	
30	2. 分出保费	
31	3. 提取未到期责任准备金	
32	(四)其他金融业务收入	
33	(五)汇兑收益(损失以“-”号填列)	
34	(六)其他业务收入	
35	二、营业外收入(36+37+38+39+40+41+42)	
36	(一)非流动资产处置利得	
37	(二)非货币性资产交换利得	
38	(三)债务重组利得	
39	(四)政府补助利得	
40	(五)盘盈利得	
41	(六)捐赠利得	
42	(七)其他	

A102010

一般企业成本支出明细表

行　次	项　　目	金　额
1	一、营业成本(2+9)	
2	(一)主营业务成本(3+5+6+7+8)	
3	1. 销售商品成本	
4	其中:非货币性资产交换成本	
5	2. 提供劳务成本	
6	3. 建造合同成本	
7	4. 让渡资产使用权成本	
8	5. 其他	
9	(二)其他业务成本(10+12+13+14+15)	
10	1. 材料销售成本	
11	其中:非货币性资产交换成本	
12	2. 出租固定资产成本	
13	3. 出租无形资产成本	
14	4. 包装物出租成本	
15	5. 其他	
16	二、营业外支出(17+18+19+20+21+22+23+24+25+26)	
17	(一)非流动资产处置损失	
18	(二)非货币性资产交换损失	
19	(三)债务重组损失	
20	(四)非常损失	
21	(五)捐赠支出	
22	(六)赞助支出	
23	(七)罚没支出	
24	(八)坏账损失	
25	(九)无法收回的债券股权投资损失	
26	(十)其他	

A104000

期间费用明细表

行次	项　　目	销售费用	其中:境外支付	管理费用	其中:境外支付	财务费用	其中:境外支付
		1	2	3	4	5	6
1	一、职工薪酬		*		*	*	*
2	二、劳务费					*	*
3	三、咨询顾问费					*	*
4	四、业务招待费		*		*	*	*
5	五、广告费和业务宣传费		*		*	*	*
6	六、佣金和手续费						
7	七、资产折旧摊销费		*		*	*	*
8	八、财产损耗、盘亏及毁损损失		*		*	*	*
9	九、办公费		*		*	*	*
10	十、董事会费		*		*	*	*
11	十一、租赁费					*	*
12	十二、诉讼费		*		*	*	*
13	十三、差旅费		*		*	*	*
14	十四、保险费		*		*	*	*
15	十五、运输、仓储费					*	*
16	十六、修理费					*	*
17	十七、包装费		*		*	*	*
18	十八、技术转让费					*	*
19	十九、研究费用					*	*
20	二十、各项税费		*		*	*	*
21	二十一、利息收支	*	*	*	*		
22	二十二、汇兑差额	*	*	*	*		
23	二十三、现金折扣	*	*	*	*		*
24	二十四、其他						
25	合计(1+2+3+…24)						

A105000

纳税调整项目明细表

行次	项　　目	账载金额	税收金额	调增金额	调减金额
		1	2	3	4
1	一、收入类调整项目(2+3+4+5+6+7+8+10+11)	*	*		
2	(一)视同销售收入(填写 A105010)	*			*
3	(二)未按权责发生制原则确认的收入(填写 A105020)				
4	(三)投资收益(填写 A105030)				
5	(四)按权益法核算长期股权投资对初始投资成本调整确认收益	*	*	*	
6	(五)交易性金融资产初始投资调整	*	*		*
7	(六)公允价值变动净损益		*		
8	(七)不征税收入	*	*		
9	其中:专项用途财政性资金(填写 A105040)	*	*		
10	(八)销售折扣、折让和退回				
11	(九)其他				
12	二、扣除类调整项目(13+14+15+16+17+18+19+20+21+22+23+24+26+27+28+29)	*	*		
13	(一)视同销售成本(填写 A105010)	*		*	
14	(二)职工薪酬(填写 A105050)				
15	(三)业务招待费支出				*
16	(四)广告费和业务宣传费支出(填写 A105060)	*	*		
17	(五)捐赠支出(填写 A105070)				*
18	(六)利息支出				
19	(七)罚金、罚款和被没收财物的损失		*		*
20	(八)税收滞纳金、加收利息		*		*
21	(九)赞助支出		*		*
22	(十)与未实现融资收益相关在当期确认的财务费用				
23	(十一)佣金和手续费支出				*
24	(十二)不征税收入用于支出所形成的费用	*	*		*
25	其中:专项用途财政性资金用于支出所形成的费用(填写 A105040)	*	*		*
26	(十三)跨期扣除项目				
27	(十四)与取得收入无关的支出		*		*
28	(十五)境外所得分摊的共同支出	*	*		*
29	(十六)其他				
30	三、资产类调整项目(31+32+33+34)	*	*		
31	(一)资产折旧、摊销(填写 A105080)				
32	(二)资产减值准备金		*		
33	(三)资产损失(填写 A105090)				
34	(四)其他				
35	四、特殊事项调整项目(36+37+38+39+40)	*	*		
36	(一)企业重组(填写 A105100)				
37	(二)政策性搬迁(填写 A105110)	*	*		
38	(三)特殊行业准备金(填写 A105120)				
39	(四)房地产开发企业特定业务计算的纳税调整额(填写 A105010)	*			
40	(五)其他	*	*		
41	五、特别纳税调整应税所得	*	*		
42	六、其他	*	*		
43	合计(1+12+30+35+41+42)	*	*		

A105010

视同销售和房地产开发企业特定业务纳税调整明细表

行次	项　目	税收金额	纳税调整金额
		1	2
1	一、视同销售(营业)收入(2+3+4+5+6+7+8+9+10)		
2	(一)非货币性资产交换视同销售收入		
3	(二)用于市场推广或销售视同销售收入		
4	(三)用于交际应酬视同销售收入		
5	(四)用于职工奖励或福利视同销售收入		
6	(五)用于股息分配视同销售收入		
7	(六)用于对外捐赠视同销售收入		
8	(七)用于对外投资项目视同销售收入		
9	(八)提供劳务视同销售收入		
10	(九)其他		
11	二、视同销售(营业)成本(12+13+14+15+16+17+18+19+20)		
12	(一)非货币性资产交换视同销售成本		
13	(二)用于市场推广或销售视同销售成本		
14	(三)用于交际应酬视同销售成本		
15	(四)用于职工奖励或福利视同销售成本		
16	(五)用于股息分配视同销售成本		
17	(六)用于对外捐赠视同销售成本		
18	(七)用于对外投资项目视同销售成本		
19	(八)提供劳务视同销售成本		
20	(九)其他		
21	三、房地产开发企业特定业务计算的纳税调整额(22-26)		
22	(一)房地产企业销售未完工开发产品特定业务计算的纳税调整额(24-25)		
23	1. 销售未完工产品的收入		*
24	2. 销售未完工产品预计毛利额		
25	3. 实际发生的营业税金及附加、土地增值税		
26	(二)房地产企业销售的未完工产品转完工产品特定业务计算的纳税调整额(28-29)		
27	1. 销售未完工产品转完工产品确认的销售收入		*
28	2. 转回的销售未完工产品预计毛利额		
29	3. 转回实际发生的营业税金及附加、土地增值税		

A105020

未按权责发生制确认收入纳税调整明细表

行次	项目	合同金额（交易金额）	账载金额		税收金额		纳税调整金额
			本年	累计	本年	累计	
		1	2	3	4	5	6(4－2)
1	一、跨期收取的租金、利息、特许权使用费收入(2＋3＋4)						
2	（一）租金						
3	（二）利息						
4	（三）特许权使用费						
5	二、分期确认收入(6＋7＋8)						
6	（一）分期收款方式销售货物收入						
7	（二）持续时间超过 12 个月的建造合同收入						
8	（三）其他分期确认收入						
9	三、政府补助递延收入(10＋11＋12)						
10	（一）与收益相关的政府补助						
11	（二）与资产相关的政府补助						
12	（三）其他						
13	四、其他未按权责发生制确认收入						
14	合计(1＋5＋9＋13)						

A105030

投资收益纳税调整明细表

行次	项目	持有收益			处置收益							纳税调整金额
		账载金额	税收金额	纳税调整金额	会计确认的处置收入	税收计算的处置收入	处置投资的账面价值	处置投资的计税基础	会计确认的处置所得或损失	税收计算的处置所得	纳税调整金额	
		1	2	3(2－1)	4	5	6	7	8(4－6)	9(5－7)	10(9－8)	11(3＋10)
1	一、交易性金融资产											
2	二、可供出售金融资产											
3	三、持有至到期投资											
4	四、衍生工具											
5	五、交易性金融负债											
6	六、长期股权投资											
7	七、短期投资											
8	八、长期债券投资											
9	九、其他											
10	合计(1＋2＋3＋4＋5＋6＋7＋8＋9)											

A105040

专项用途财政性资金纳税调整明细表

行次	项目	取得年度	财政性资金	其中：符合不征税收入条件的财政性资金		以前年度支出情况					本年支出情况		本年结余情况		
				金额	其中：计入本年损益的金额	前五年度	前四年度	前三年度	前二年度	前一年度	支出金额	其中：费用化支出金额	结余金额	其中：上缴财政金额	应计入本年应税收入金额
		1	2	3	4	5	6	7	8	9	10	11	12	13	14
1	前五年度														
2	前四年度					*									
3	前三年度					*	*								
4	前二年度					*	*	*							
5	前一年度					*	*	*	*						
6	本　年					*	*	*	*	*					
7	合计(1+2+3+4+5+6)	*				*	*	*	*	*					

A105050

职工薪酬纳税调整明细表

行次	项　　目	账载金额	税收规定扣除率	以前年度累计结转扣除额	税收金额	纳税调整金额	累计结转以后年度扣除额
		1	2	3	4	5(1－4)	6(1＋3－4)
1	一、工资薪金支出		*	*			*
2	其中:股权激励		*	*			*
3	二、职工福利费支出			*			*
4	三、职工教育经费支出		*				
5	其中:按税收规定比例扣除的职工教育经费						
6	按税收规定全额扣除的职工培训费用			*			*
7	四、工会经费支出			*			*
8	五、各类基本社会保障性缴款		*	*			*
9	六、住房公积金		*	*			*
10	七、补充养老保险			*			*
11	八、补充医疗保险			*			*
12	九、其他		*				
13	合计(1＋3＋4＋7＋8＋9＋10＋11＋12)		*				

A105060

广告费和业务宣传费跨年度纳税调整明细表

行次	项　目	金　额
1	一、本年广告费和业务宣传费支出	
2	减:不允许扣除的广告费和业务宣传费支出	
3	二、本年符合条件的广告费和业务宣传费支出(1－2)	
4	三、本年计算广告费和业务宣传费扣除限额的销售(营业)收入	
5	税收规定扣除率	
6	四、本企业计算的广告费和业务宣传费扣除限额(4×5)	
7	五、本年结转以后年度扣除额(3>6,本行=3－6;3≤6,本行=0)	
8	加:以前年度累计结转扣除额	
9	减:本年扣除的以前年度结转额[3>6,本行=0;3≤6,本行=8或(6－3)孰小值]	
10	六、按照分摊协议归集至其他关联方的广告费和业务宣传费(10≤3或6孰小值)	
11	按照分摊协议从其他关联方归集至本企业的广告费和业务宣传费	
12	七、本年广告费和业务宣传费支出纳税调整金额(3>6,本行=2+3－6+10－11;3≤6,本行=2+10－11－9)	
13	八、累计结转以后年度扣除额(7+8－9)	

A105070

捐赠支出纳税调整明细表

行次	受赠单位名称	公益性捐赠				非公益性捐赠	
		账载金额	按税收规定计算的扣除限额	税收金额	纳税调整金额	账载金额	纳税调整金额
	1	2	3	4	5(2－4)	6	7(5＋6)
1			*	*	*		*
2			*	*	*		*
3			*	*	*		*
4			*	*	*		*
5			*	*	*		*
6			*	*	*		*
7			*	*	*		*
8			*	*	*		*
9			*	*	*		*
10			*	*	*		*
11			*	*	*		*
12			*	*	*		*
13			*	*	*		*
14			*	*	*		*
15			*	*	*		*
16			*	*	*		*
17			*	*	*		*
18			*	*	*		*
19			*	*	*		*
20	合　计						

A105080

资产折旧、摊销情况及纳税调整明细表

行次	项目	账载金额			税收金额					纳税调整	
		资产账载金额	本年折旧、摊销额	累计折旧、摊销额	资产计税基础	按税收一般规定计算的本年折旧、摊销额	本年加速折旧额	其中：2014年及以后年度新增固定资产加速折旧额（填写A105081）	累计折旧、摊销额	金额	调整原因
		1	2	3	4	5	6	7	8	9(2－5－6)	10
1	一、固定资产(2＋3＋4＋5＋6＋7)										
2	（一）房屋、建筑物										
3	（二）飞机、火车、轮船、机器、机械和其他生产设备										
4	（三）与生产经营活动有关的器具、工具、家具等										
5	（四）飞机、火车、轮船以外的运输工具										
6	（五）电子设备										
7	（六）其他										
8	二、生产性生物资产(9＋10)							*			
9	（一）林木类							*			
10	（二）畜类							*			
11	三、无形资产(12＋13＋14＋15＋16＋17＋18)						*	*			
12	（一）专利权						*	*			
13	（二）商标权						*	*			
14	（三）著作权						*	*			

续表

行次	项目	账载金额			税收金额					纳税调整	
		资产账载金额	本年折旧、摊销额	累计折旧、摊销额	资产计税基础	按税收一般规定计算的本年折旧、摊销额	本年加速折旧额	其中:2014年及以后年度新增固定资产加速折旧额（填写A105081）	累计折旧、摊销额	金额	调整原因
		1	2	3	4	5	6	7	8	9(2－5－6)	10
15	（四）土地使用权						*	*			
16	（五）非专利技术						*	*			
17	（六）特许权使用费						*	*			
18	（七）其他						*	*			
19	四、长期待摊费用(20＋21＋22＋23＋24)						*	*			
20	（一）已足额提取折旧的固定资产的改建支出						*	*			
21	（二）租入固定资产的改建支出						*	*			
22	（三）固定资产的大修理支出						*	*			
23	（四）开办费						*	*			
24	（五）其他						*	*			
25	五、油气勘探投资						*	*			
26	六、油气开发投资						*	*			
27	合计(1＋8＋11＋19＋25＋26)										*

经办人(签章)：　　　　法定代表人(签章)

A105081

固定资产加速折旧、扣除明细表

行次	项　目	房屋、建筑物			飞机、火车、轮船、机器、机械和其他生产设备			与生产经营活动有关的器具、工具、家具			飞机、火车、轮船以外的运输工具			电子设备			合　计				
		原值	本期折旧（扣除）额	累计折旧（扣除）额	原值	本期折旧（扣除）额	累计折旧（扣除）额	原值	本期折旧（扣除）额	累计折旧（扣除）额	原值	本期折旧（扣除）额	累计折旧（扣除）额	原值	本期折旧（扣除）额	累计折旧（扣除）额	原值	本期折旧（扣除）额		累计折旧（扣除）额	
																		正常折旧额	加速折旧额	正常折旧额	加速折旧额
		1	2	3	4	5	6	7	8	9	10	11	12	13	14	15	16	17	18	19	20
1	一、六大行业固定资产																				
2	（一）生物药品制造业																				
3	（二）专用设备制造业																				
4	（三）铁路、船舶、航空航天和其他运输设备制造业																				
5	（四）计算机、通信和其他电子设备制造业																				
6	（五）仪器仪表制造业																				
7	（六）信息传输、软件和信息技术服务业																				
8	（七）其他行业																				
9	二、允许一次性扣除的固定资产																				
10	（一）单位价值不超过 100 万元的研发仪器、设备																				
11	其中：六大行业小微企业研发和生产经营共用的仪器、设备																				
12	（二）单位价值不超过 5 000 元的固定资产																				
13	总　计																				

A105090

资产损失税前扣除及纳税调整明细表

行次	项　目	账载金额	税收金额	纳税调整金额
		1	2	3(1－2)
1	一、清单申报资产损失(2＋3＋4＋5＋6＋7＋8)			
2	(一)正常经营管理活动中，按照公允价格销售、转让、变卖非货币资产的损失			
3	(二)存货发生的正常损耗			
4	(三)固定资产达到或超过使用年限而正常报废清理的损失			
5	(四)生产性生物资产达到或超过使用年限而正常死亡发生的资产损失			
6	(五)按照市场公平交易原则，通过各种交易场所、市场等买卖债券、股票、期货、基金以及金融衍生产品等发生的损失			
7	(六)分支机构上报的资产损失			
8	(七)其他			
9	二、专项申报资产损失(填写 A105091)			
10	(一)货币资产损失(填写 A105091)			
11	(二)非货币资产损失(填写 A105091)			
12	(三)投资损失(填写 A105091)			
13	(四)其他(填写 A105091)			
14	合计(1＋9)			

A105091

资产损失(专项申报)税前扣除及纳税调整明细表

行次	项　目	账载金额	处置收入	赔偿收入	计税基础	税收金额	纳税调整金额
	1	2	3	4	5	6(5－3－4)	7(2－6)
1	一、货币资产损失(2＋3＋4＋5)						
2							
3							
4							
5							
6	二、非货币资产损失(7＋8＋9＋10)						
7							
8							
9							
10							
11	三、投资损失(12＋13＋14＋15)						
12							
13							
14							
15							
16	四、其他(17＋18＋19)						
17							
18							
19							
20	合计(1＋6＋11＋16)						

A105100

企业重组纳税调整明细表

行次	项　目	一般性税务处理			特殊性税务处理			纳税调整金额
		账载金额	税收金额	纳税调整金额	账载金额	税收金额	纳税调整金额	
		1	2	3(2－1)	4	5	6(5－4)	7(3＋6)
1	一、债务重组							
2	其中:以非货币性资产清偿债务							
3	债转股							
4	二、股权收购							
5	其中:涉及跨境重组的股权收购							
6	三、资产收购							
7	其中:涉及跨境重组的资产收购							
8	四、企业合并(9＋10)							
9	其中:同一控制下企业合并							
10	非同一控制下企业合并							
11	五、企业分立							
12	六、其他							
13	其中:以非货币性资产对外投资							
14	合计(1＋4＋6＋8＋11＋12)							

A105110

政策性搬迁纳税调整明细表

行次	项 目	金 额
1	一、搬迁收入(2+8)	
2	(一)搬迁补偿收入(3+4+5+6+7)	
3	1. 对被征用资产价值的补偿	
4	2. 因搬迁、安置而给予的补偿	
5	3. 对停产停业形成的损失而给予的补偿	
6	4. 资产搬迁过程中遭到毁损而取得的保险赔款	
7	5. 其他补偿收入	
8	(二)搬迁资产处置收入	
9	二、搬迁支出(10+16)	
10	(一)搬迁费用支出(11+12+13+14+15)	
11	1. 安置职工实际发生的费用	
12	2. 停工期间支付给职工的工资及福利费	
13	3. 临时存放搬迁资产而发生的费用	
14	4. 各类资产搬迁安装费用	
15	5. 其他与搬迁相关的费用	
16	(二)搬迁资产处置支出	
17	三、搬迁所得或损失(1－9)	
18	四、应计入本年应纳税所得额的搬迁所得或损失(19+20+21)	
19	其中:搬迁所得	
20	搬迁损失一次性扣除	
21	搬迁损失分期扣除	
22	五、计入当期损益的搬迁收益或损失	
23	六、以前年度搬迁损失当期扣除金额	
24	七、纳税调整金额(18－22－23)	

A105120

特殊行业准备金纳税调整明细表

行次	项　目	账载金额	税收金额	纳税调整金额
		1	2	3(1－2)
1	一、保险公司(2＋3＋6＋7＋8＋9＋10)			
2	(一)未到期责任准备金			
3	(二)未决赔款准备金(4＋5)			
4	其中:已发生已报案未决赔款准备金			
5	已发生未报案未决赔款准备金			
6	(三)巨灾风险准备金			
7	(四)寿险责任准备金			
8	(五)长期健康险责任准备金			
9	(六)保险保障基金			
10	(七)其他			
11	二、证券行业(12＋13＋14＋15)			
12	(一)证券交易所风险基金			
13	(二)证券结算风险基金			
14	(三)证券投资者保护基金			
15	(四)其他			
16	三、期货行业(17＋18＋19＋20)			
17	(一)期货交易所风险准备金			
18	(二)期货公司风险准备金			
19	(三)期货投资者保障基金			
20	(四)其他			
21	四、金融企业(22＋23＋24)			
22	(一)涉农和中小企业贷款损失准备金			
23	(二)贷款损失准备金			
24	(三)其他			
25	五、中小企业信用担保机构(26＋27＋28)			
26	(一)担保赔偿准备			
27	(二)未到期责任准备			
28	(三)其他			
29	六、其他			
30	合计(1＋11＋16＋21＋25＋29)			

A106000

企业所得税弥补亏损明细表

行次	项目	年度	纳税调整后所得	合并、分立转入（转出）可弥补的亏损额	当年可弥补的亏损额	以前年度亏损已弥补额					本年度实际弥补的以前年度亏损额	可结转以后年度弥补的亏损额
						前四年度	前三年度	前二年度	前一年度	合计		
		1	2	3	4	5	6	7	8	9	10	11
1	前五年度											*
2	前四年度					*						
3	前三年度					*	*					
4	前二年度					*	*	*				
5	前一年度					*	*	*	*	*		
6	本年度					*	*	*	*	*		
7	可结转以后年度弥补的亏损额合计											

A107010

免税、减计收入及加计扣除优惠明细表

行次	项　目	金　额
1	一、免税收入(2+3+4+5)	
2	(一)国债利息收入	
3	(二)符合条件的居民企业之间的股息、红利等权益性投资收益(填写A107011)	
4	(三)符合条件的非营利组织的收入	
5	(四)其他专项优惠(6+7+8+9+10+11+12+13+14)	
6	1. 中国清洁发展机制基金取得的收入	
7	2. 证券投资基金从证券市场取得的收入	
8	3. 证券投资基金投资者获得的分配收入	
9	4. 证券投资基金管理人运用基金买卖股票、债券的差价收入	
10	5. 取得的地方政府债券利息所得或收入	
11	6. 受灾地区企业取得的救灾和灾后恢复重建款项等收入	
12	7. 中国期货保证金监控中心有限责任公司取得的银行存款利息等收入	
13	8. 中国保险保障基金有限责任公司取得的保险保障基金等收入	
14	9. 其他	
15	二、减计收入(16+17)	
16	(一)综合利用资源生产产品取得的收入(填写 A107012)	
17	(二)其他专项优惠(18+19+20)	
18	1. 金融、保险等机构取得的涉农利息、保费收入(填写 A107013)	
19	2. 取得的中国铁路建设债券利息收入	
20	3. 其他	
21	三、加计扣除(22+23+26)	
22	(一)开发新技术、新产品、新工艺发生的研究开发费用加计扣除(填写A107014)	
23	(二)安置残疾人员及国家鼓励安置的其他就业人员所支付的工资加计扣除(24+25)	
24	1. 支付残疾人员工资加计扣除	
25	2. 国家鼓励的其他就业人员工资加计扣除	
26	(三)其他专项优惠	
27	合计(1+15+21)	

A107011

符合条件的居民企业之间的股息、红利等权益性投资收益优惠明细表

行次	被投资企业	投资性质	投资成本	投资比例	被投资企业利润分配确认金额		被投资企业清算确认金额			撤回或减少投资确认金额						合计
					被投资企业做出利润分配或转股决定时间	依决定归属于本公司的股息、红利等权益性投资收益金额	分得的被投资企业清算剩余资产	被清算企业累计未分配利润和累计盈余公积应享有部分	应确认的股息所得	从被投资企业撤回或减少投资取得的资产	减少投资比例	收回初始投资成本	取得资产中超过收回初始投资成本部分	撤回或减少投资应享有被投资企业累计未分配利润和累计盈余公积	应确认的股息所得	
	1	2	3	4	5	6	7	8	9(7与8孰小)	10	11	12(3×11)	13(10－12)	14	15(13与14孰小)	16(6＋9＋15)
1																
2																
3																
4																
5																
6																
7																
8																
9																
10	合计	*	*	*	*		*	*		*	*	*	*	*		

A107012

综合利用资源生产产品取得的收入优惠明细表

行次	生产的产品名称	资源综合利用认定证书基本情况			属于《资源综合利用企业所得税优惠目录》类别	综合利用的资源	综合利用的资源占生产产品材料的比例	《资源综合利用企业所得税优惠目录》规定的标准	符合条件的综合利用资源生产产品取得的收入总额	综合利用资源减计收入
		《资源综合利用认定证书》取得时间	《资源综合利用认定证书》有效期	《资源综合利用认定证书》编号						
	1	2	3	4	5	6	7	8	9	10(9×10%)
1										
2										
3										
4										
5										
6										
7										
8										
9										
10	合计	*	*	*	*	*	*	*	*	

A107014

研发费用加计扣除优惠明细表

行次	研发项目	本年研发费用明细									减：作为不征税收入处理的财政性资金用于研发的部分	可加计扣除的研发费用合计	费用化部分		资本化部分				本年研发费用加计扣除额合计
		研发活动直接消耗的材料、燃料和动力费用	直接从事研发活动的本企业在职人员费用	专门用于研发活动的有关折旧费、租赁费、运行维护费	专门用于研发活动的有关无形资产摊销费	中间试验和产品试制的有关费用，样品、样机及一般测试手段购置费	研发成果论证、评审、验收、鉴定费用	勘探开发技术的现场试验费，新药研制的临床试验费	设计、制定、资料和翻译费用	年度研发费用合计			计入本年损益的金额	计入本年研发费用加计扣除额	本年形成无形资产的金额	本年形成无形资产加计摊销额	以前年度形成无形资产本年加计摊销额	无形资产本年加计摊销额	
	1	2	3	4	5	6	7	8	9	10(2+3+4+5+6+7+8+9)	11	12(10－11)	13	14(13×50%)	15	16	17	18(16+17)	19(14+18)
1																			
2																			
3																			
4																			
5																			
6																			
7																			
8																			
9																			
10	合计																		

A107020

所得减免优惠明细表

行次	项　目	项目收入	项目成本	相关税费	应分摊期间费用	纳税调整额	项目所得额	减免所得额
		1	2	3	4	5	6(1－2－3－4＋5)	7
1	一、农、林、牧、渔业项目(2＋13)							
2	(一)免税项目(3＋4＋5＋6＋7＋8＋9＋11＋12)							
3	1. 蔬菜、谷物、薯类、油料、豆类、棉花、麻类、糖料、水果、坚果的种植							
4	2. 农作物新品种的选育							
5	3. 中药材的种植							
6	4. 林木的培育和种植							
7	5. 牲畜、家禽的饲养							
8	6. 林产品的采集							
9	7. 灌溉、农产品初加工、兽医、农技推广、农机作业和维修等农、林、牧、渔服务业项目							
10	其中:农产品初加工							
11	8. 远洋捕捞							
12	9. 其他							
13	(二)减半征税项目(14＋15＋16)							
14	1. 花卉、茶以及其他饮料作物和香料作物的种植							
15	2. 海水养殖、内陆养殖							
16	3. 其他							
17	二、国家重点扶持的公共基础设施项目(18＋19＋20＋21＋22＋23＋24＋25)							
18	(一)港口码头项目							
19	(二)机场项目							

续表

行次	项　目	项目收入	项目成本	相关税费	应分摊期间费用	纳税调整额	项目所得额	减免所得额
		1	2	3	4	5	6(1－2－3－4＋5)	7
20	(三)铁路项目							
21	(四)公路项目							
22	(五)城市公共交通项目							
23	(六)电力项目							
24	(七)水利项目							
25	(八)其他项目							
26	三、符合条件的环境保护、节能节水项目(27＋28＋29＋30＋31＋32)							
27	(一)公共污水处理项目							
28	(二)公共垃圾处理项目							
29	(三)沼气综合开发利用项目							
30	(四)节能减排技术改造项目							
31	(五)海水淡化项目							
32	(六)其他项目							
33	四、符合条件的技术转让项目(34＋35)					*		
34	(一)技术转让所得不超过 500 万元部分	*	*	*	*	*	*	
35	(二)技术转让所得超过 500 万元部分	*	*	*	*	*	*	
36	五、其他专项优惠项目(37＋38＋39)							
37	(一)实施清洁发展机制项目							
38	(二)符合条件的节能服务公司实施合同能源管理项目							
39	(三)其他							
40	合计(1＋17＋26＋33＋36)							

A107030

抵扣应纳税所得额明细表

行次	项　目	金　额
1	本年新增的符合条件的股权投资额	
2	税收规定的抵扣率	70%
3	本年新增的可抵扣的股权投资额(1×2)	
4	以前年度结转的尚未抵扣的股权投资余额	
5	本年可抵扣的股权投资额(3+4)	
6	本年可用于抵扣的应纳税所得额	
7	本年实际抵扣应纳税所得额(5≤6,本行=5行;5>6,本行=6行)	
8	结转以后年度抵扣的股权投资余额(5>6,本行=5-7行;5≤6,本行=0)	

A107040

减免所得税优惠明细表

行次	项　目	金　额
1	一、符合条件的小微企业	
2	二、国家需要重点扶持的高新技术企业(填写 A107041)	
3	三、减免地方分享所得税的民族自治地方企业	
4	四、其他专项优惠(5+6+7+8+9+10+11+12+13+14+15+16+17+18+19+20+21+22+23+24+25+26+27)	
5	(一)经济特区和上海浦东新区新设立的高新技术企业	
6	(二)经营性文化事业单位转制企业	
7	(三)动漫企业	
8	(四)受灾地区损失严重的企业	
9	(五)受灾地区农村信用社	
10	(六)受灾地区的促进就业企业	
11	(七)技术先进型服务企业	
12	(八)新疆困难地区新办企业	
13	(九)新疆喀什、霍尔果斯特殊经济开发区新办企业	
14	(十)支持和促进重点群体创业就业企业	
15	(十一)集成电路线宽小于 0.8 微米(含)的集成电路生产企业	
16	(十二)集成电路线宽小于 0.25 微米的集成电路生产企业	
17	(十三)投资额超过 80 亿元人民币的集成电路生产企业	
18	(十四)新办集成电路设计企业(填写 A107042)	
19	(十五)国家规划布局内重点集成电路设计企业	
20	(十六)符合条件的软件企业(填写 A107042)	
21	(十七)国家规划布局内重点软件企业	
22	(十八)设在西部地区的鼓励类产业企业	
23	(十九)符合条件的生产和装配伤残人员专门用品企业	
24	(二十)中关村国家自主创新示范区从事文化产业支撑技术等领域的高新技术企业	
25	(二十一)享受过渡期税收优惠企业	
26	(二十二)横琴新区、平潭综合实验区和前海深港现代化服务业合作区企业	
27	(二十三)其他	
28	五、减:项目所得额按法定税率减半征收企业所得税叠加享受减免税优惠	
29	合计(1+2+3+4−28)	

A107041

高新技术企业优惠情况及明细表

<table>
<tr><td>行次</td><td colspan="4">基本信息</td></tr>
<tr><td>1</td><td colspan="2">高新技术企业证书编号</td><td></td><td>高新技术企业证书取得时间</td><td></td></tr>
<tr><td>2</td><td colspan="2">产品（服务）属于《国家重点支持的高新技术领域》规定的范围（填写具体范围名称）</td><td></td><td>是否发生重大安全、质量事故</td><td>是□ 否□</td></tr>
<tr><td>3</td><td colspan="2">是否有环境等违法、违规行为，受到有关部门处罚的</td><td>是□ 否□</td><td>是否发生偷骗税行为</td><td>是□ 否□</td></tr>
<tr><td>4</td><td colspan="5">关键指标情况</td></tr>
<tr><td>5</td><td rowspan="5">收入指标</td><td colspan="3">一、本年高新技术产品（服务）收入（6＋7）</td><td></td></tr>
<tr><td>6</td><td colspan="3">其中：产品（服务）收入</td><td></td></tr>
<tr><td>7</td><td colspan="3">技术性收入</td><td></td></tr>
<tr><td>8</td><td colspan="3">二、本年企业总收入</td><td></td></tr>
<tr><td>9</td><td colspan="3">三、本年高新技术产品（服务）收入占企业总收入的比例（5÷8）</td><td></td></tr>
<tr><td>10</td><td rowspan="5">人员指标</td><td colspan="3">四、本年具有大学专科以上学历的科技人员数</td><td></td></tr>
<tr><td>11</td><td colspan="3">五、本年研发人员数</td><td></td></tr>
<tr><td>12</td><td colspan="3">六、本年职工总数</td><td></td></tr>
<tr><td>13</td><td colspan="3">七、本年具有大学专科以上学历的科技人员占企业当年职工总数的比例（10÷12）</td><td></td></tr>
<tr><td>14</td><td colspan="3">八、本年研发人员占企业当年职工总数的比例（11÷12）</td><td></td></tr>
<tr><td>15</td><td rowspan="14">研究开发费用指标</td><td colspan="3">九、本年归集的高新研发费用金额（16＋25）</td><td></td></tr>
<tr><td>16</td><td colspan="3">（一）内部研究开发投入（17＋18＋19＋20＋21＋22＋24）</td><td></td></tr>
<tr><td>17</td><td colspan="3">1. 人员人工</td><td></td></tr>
<tr><td>18</td><td colspan="3">2. 直接投入</td><td></td></tr>
<tr><td>19</td><td colspan="3">3. 折旧费用与长期费用摊销</td><td></td></tr>
<tr><td>20</td><td colspan="3">4. 设计费用</td><td></td></tr>
<tr><td>21</td><td colspan="3">5. 装备调试费</td><td></td></tr>
<tr><td>22</td><td colspan="3">6. 无形资产摊销</td><td></td></tr>
<tr><td>23</td><td colspan="3">7. 其他费用</td><td></td></tr>
<tr><td>24</td><td colspan="3">其中：可计入研发费用的其他费用</td><td></td></tr>
<tr><td>25</td><td colspan="3">（二）委托外部研究开发费用（26＋27）</td><td></td></tr>
<tr><td>26</td><td colspan="3">1. 境内的外部研发费</td><td></td></tr>
<tr><td>27</td><td colspan="3">2. 境外的外部研发费</td><td></td></tr>
<tr><td>28</td><td colspan="3">十、本年研发费用占销售（营业）收入比例</td><td></td></tr>
<tr><td>29</td><td colspan="5">减免税金额</td></tr>
</table>

A107050

税额抵免优惠明细表

行次	项目	年度	本年抵免前应纳税额	本年允许抵免的专用设备投资额	本年可抵免税额	以前年度已抵免额						本年实际抵免的各年度税额	可结转以后年度抵免的税额
						前五年度	前四年度	前三年度	前二年度	前一年度	小计		
		1	2	3	4=3×10%	5	6	7	8	9	10(5+6+7+8+9)	11	12(4−10−11)
1	前五年度												*
2	前四年度					*							
3	前三年度					*	*						
4	前二年度					*	*	*					
5	前一年度					*	*	*	*				
6	本年度					*	*	*	*	*	*		
7	本年实际抵免税额合计												*
8	可结转以后年度抵免的税额合计												
9	专用设备投资情况	本年允许抵免的环境保护专用设备投资额											
10		本年允许抵免节能节水的专用设备投资额											
11		本年允许抵免的安全生产专用设备投资额											

A108000

境外所得税收抵免明细表

行次	国家（地区）	境外税前所得	境外所得纳税调整后所得	弥补境外以前年度亏损	境外应纳税所得额	抵减境内亏损	抵减境内亏损后的境外应纳税所得额	税率	境外所得应纳税额	境外所得可抵免税额	境外所得抵免限额	本年可抵免境外所得税额	未超过境外所得税抵免限额的余额	本年可抵免以前年度未抵免境外所得税额	按简易办法计算				境外所得抵免所得税额合计
															按低于12.5%的实际税率计算的抵免额	按12.5%计算的抵免额	按25%计算的抵免额	小计	
	1	2	3	4	5(3−4)	6	7(5−6)	8	9(7×8)	10	11	12	13(11−12)	14	15	16	17	18(15+16+17)	19(12+14+18)
1																			
2																			
3																			
4																			
5																			
6																			
7																			
8																			
9																			
10	合计																		

A108010

境外所得纳税调整后所得明细表

行次	国家（地区）	境外税后所得								境外所得可抵免的所得税额				境外税前所得	境外分支机构收入与支出纳税调整额	境外分支机构调整分摊扣除的有关成本费用	境外所得对应调整的相关成本费用支出	境外所得纳税调整后所得
		分支机构营业利润所得	股息、红利等权益性投资所得	利息所得	租金所得	特许权使用费所得	财产转让所得	其他所得	小计	直接缴纳的所得税额	间接负担的所得税额	享受税收饶让抵免税额	小计					
	1	2	3	4	5	6	7	8	9(2+3+4+5+6+7+8)	10	11	12	13(10+11+12)	14(9+10+11)	15	16	17	18(14+15−16−17)
1																		
2																		
3																		
4																		
5																		
6																		
7																		
8																		
9																		
10	合计																	

A108020

境外分支机构弥补亏损明细表

行次	国家（地区）	非实际亏损额的弥补				实际亏损额的弥补													
		以前年度结转尚未弥补的非实际亏损额	本年发生的非实际亏损额	本年弥补的以前年度非实际亏损额	结转以后年度弥补的非实际亏损额	以前年度结转尚未弥补的实际亏损额						本年发生的实际亏损额	本年弥补的以前年度实际亏损额	结转以后年度弥补的实际亏损额					
						前五年	前四年	前三年	前二年	前一年	小计			前四年	前三年	前二年	前一年	本年	小计
	1	2	3	4	5（2+3−4）	6	7	8	9	10	11（6+7+8+9+10）	12	13	14	15	16	17	18	19（14+15+16+17+18）
1																			
2																			
3																			
4																			
5																			
6																			
7																			
8																			
9																			
10	合计																		

A108030

跨年度结转抵免境外所得税明细表

行次	国家（地区）	前五年境外所得已缴所得税未抵免余额						本年实际抵免以前年度未抵免的境外已缴所得税额						结转以后年度抵免的境外所得已缴所得税额					
		前五年	前四年	前三年	前二年	前一年	小计	前五年	前四年	前三年	前二年	前一年	小计	前四年	前三年	前二年	前一年	本年	小计
	1	2	3	4	5	6	7(2+3+4+5+6)	8	9	10	11	12	13(8+9+10+11+12)	14(3−9)	15(4−10)	16(5−11)	17(6−12)	18	19(14+15+16+17+18)
1																			
2																			
3																			
4																			
5																			
6																			
7																			
8																			
9																			
10	合计																		

A109000

跨地区经营汇总纳税企业年度分摊企业所得税明细表

行次	项　目	金　额
1	一、总机构实际应纳所得税额	
2	减:境外所得应纳所得税额	
3	加:境外所得抵免所得税额	
4	二、总机构用于分摊的本年实际应纳所得税(1－2＋3)	
5	三、本年累计已预分、已分摊所得税(6＋7＋8＋9)	
6	(一)总机构向其直接管理的建筑项目部所在地预分的所得税额	
7	(二)总机构已分摊所得税额	
8	(三)财政集中已分配所得税额	
9	(四)总机构所属分支机构已分摊所得税额	
10	其中:总机构主体生产经营部门已分摊所得税额	
11	四、总机构本年度应分摊的应补(退)的所得税(4－5)	
12	(一)总机构分摊本年应补(退)的所得税额(11×25％)	
13	(二)财政集中分配本年应补(退)的所得税额(11×25％)	
14	(三)总机构所属分支机构分摊本年应补(退)的所得税额(11×50％)	
15	其中:总机构主体生产经营部门分摊本年应补(退)的所得税额	
16	五、总机构境外所得抵免后的应纳所得税额(2－3)	
17	六、总机构本年应补(退)的所得税额(12＋13＋15＋16)	

A109010

企业所得税汇总纳税分支机构所得税分配表

税款所属期间：　　年　月　日至　　年　月　日

总机构名称(盖章)：　　　　　　　　　　　　　　　　金额单位:元(列至角分)

<table>
<tr><td colspan="2">总机构纳税人识别号</td><td>应纳所得税额</td><td colspan="2">总机构分摊所得税额</td><td colspan="2">总机构财政集中分配所得税额</td><td>分支机构分摊所得税额</td></tr>
<tr><td colspan="2"></td><td></td><td colspan="2"></td><td colspan="2"></td><td></td></tr>
<tr><td rowspan="17">分支机构情况</td><td rowspan="2">分支机构纳税人识别号</td><td rowspan="2">分支机构名称</td><td colspan="3">三项因素</td><td rowspan="2">分配比例</td><td rowspan="2">分配所得税额</td></tr>
<tr><td>营业收入</td><td>职工薪酬</td><td>资产总额</td></tr>
<tr><td></td><td></td><td></td><td></td><td></td><td></td><td></td></tr>
<tr><td></td><td></td><td></td><td></td><td></td><td></td><td></td></tr>
<tr><td></td><td></td><td></td><td></td><td></td><td></td><td></td></tr>
<tr><td></td><td></td><td></td><td></td><td></td><td></td><td></td></tr>
<tr><td></td><td></td><td></td><td></td><td></td><td></td><td></td></tr>
<tr><td></td><td></td><td></td><td></td><td></td><td></td><td></td></tr>
<tr><td></td><td></td><td></td><td></td><td></td><td></td><td></td></tr>
<tr><td></td><td></td><td></td><td></td><td></td><td></td><td></td></tr>
<tr><td></td><td></td><td></td><td></td><td></td><td></td><td></td></tr>
<tr><td></td><td></td><td></td><td></td><td></td><td></td><td></td></tr>
<tr><td></td><td></td><td></td><td></td><td></td><td></td><td></td></tr>
<tr><td></td><td></td><td></td><td></td><td></td><td></td><td></td></tr>
<tr><td></td><td></td><td></td><td></td><td></td><td></td><td></td></tr>
<tr><td></td><td></td><td></td><td></td><td></td><td></td><td></td></tr>
<tr><td>合计</td><td>—</td><td></td><td></td><td></td><td></td><td></td></tr>
</table>